為什麼你很努力，卻過得不如意

子陽——著

作者序

雖然暫時不如意，但我還會再努力

最近幾天，總是心神不寧，所以責編一開始邀我寫自序時，我並不能完全集中心思。但我心裡明白，即使自己不如意，也不能對他人冷漠。

謝謝我還有喘息和思考的機會，這些年來，我可以說是在不幸中領悟、成長。和很多年輕男女一樣，也遭遇過不信任、背叛，然而我心中永遠保留著當初的那份美好。即便傷痕累累，我也會面帶微笑。我不知道這樣子的堅持，到底會有什麼樣的回報，但我知道，上天不會辜負肯努力的人。

《為什麼你很努力，卻過得不如意》初創之時，沒有出版社邀稿，也沒有親朋好友的督促，我只是知道，自己應該寫點什麼了。曾經遇到的很多不愉快，時至今日已讓我很慶幸，也很滿足。

我是在什麼樣的情況下創作了這本書呢？萬一不被看中，本已艱難的生活，會陷入更加困難，那不是在搬石頭砸自己的腳、浪費時間嗎？可我明知道有風險，卻還是要勇往直前。或許正是因為當初的那份不願自暴自棄，讓我一路走來，雖然坎坷、艱辛，但欣慰、心安。

我不喜歡別人誤會我為某位海外華僑，雖然我之前的作品中經常會展現出許多突破年齡、身分、地域的局限而創作出來的東西，那只不過是我摸索了很久的一種思考的結果。大多數讀者不瞭解我，他們總是把我的生活境遇想像得太好，他們不知道的是，現實很殘酷。

「你的文學啟蒙，是你小學時的國文老師吧？要不就是你的父母？」可是，他們哪裡知道，我也曾飽受這樣的非議：「學理工的，卻愛好中文，往文科方向發展，那不是自毀前程嗎？」

「你第一次出書是在海外的出版社，我相信你一定在海外生活過吧？」其實，他們只是不瞭解我第一次出版經歷的曲折和心酸。

目前，我還在探索創作和出版之路，即便有可能在持續的黯淡中毀掉眼睛，但我永遠相信，堅持下去，未來一定會是美好的。別人再嘲弄又如何？我的一生很短暫，被奚落已經不知多少次了，又何必在乎再多一次呢？還好，我用自己的努力慢慢證明了我一直以來追尋的，最終是美好的，也讓越來越多的人刮目相看。

人的一生是一場修行，這一生不僅要經受諸多打擊和磨難，還要遭遇諸多非議和指責。而我，一直很淡定，我會在夜半醒來時痛徹心扉，也會在天亮時重新面對！

我用我僅有的二三十年的時光去領悟，「走自己的路，讓別人去說吧！」是我無悔的選擇。那些一再規勸你逃避、走捷徑的人，他們哪裡知道——也沒有像我一樣有過的切身體會——很多「不可能」再堅持一下，就會成為可能了。

我在讀大學時，有一個小心願，那就是步入社會後，能從事自己喜歡的工作。步入社會後，我的一個個階段性小目標，也順利地成為現實。而至於人生的最高榮耀，則是我願意用一輩子去追求的。既然已經堅持了那麼多年，再堅持許多年又如何？即便到最後失敗了又怎樣？

我不再祈求所有人都對我好，都理解我，但我永遠不會失去對我應該愛的人愛的能力，更會無怨無悔地去愛我應該愛的人。

現實是冷酷的，每一次失落和波折之後，我會更反省：我有沒有被教條所限、有沒有被強行修剪……雖然，我走了不少彎路，但道路前方始終是光明的、正確的，那麼，多一些磨礪又何妨呢！

年輕的我們，還要按照別人規劃的路去走嗎？勇敢地做自己的主宰吧！雖然，很多如同我一樣的人，曾經或者現在過得可能不如意，但我們依然感謝那個還在努力、還在堅持、依然倔強不放棄的自己。

青春就應該經歷些殘酷和痛苦，「不經一番寒徹骨，怎得梅花撲鼻香」。即便你已經失敗了無數次，但終有一次，成功會在荊棘之路的盡頭等你。當初那些支持你的人，還有反對你的人，都會不約而同地為你驕傲。

Contents

CHAPTER 3

當你成為唯一，無人可以替代

CHAPTER 4

會有一個人陪你度過灰暗的時光

CHAPTER 5

希望，終將不會被辜負

CHAPTER 6

聽說你還在糾結一種叫作運氣的東西

CHAPTER 7

不滿足才要努力奔跑

CHAPTER 8

有些路還是要自己走

CHAPTER 9

你想要的幸福，不過就是雲淡風輕

CHAPTER

1

不是你沒機會，是你還不夠努力

如果你做得不好、你不被別人喜歡，
有意無意地，你可能就會被刁難。
這是很自然的事情，所以我們要讓自己脫胎換骨，
關鍵是你必須要很努力，必須要成功。

01 向幸運的人學習

那些有聲望、有能耐的人，
他們是不會隨便選擇一個人來垂青的。

有兩個人，在同一家公司，老闆對他們並沒有一視同仁，總是偏向於一方，對另一方有所忽視。

如果你是那個被忽視的，那麼你也許會認為老闆偏心：同樣都是在為他工作，為什麼老闆對別人青睞有加，卻對自己輕視呢？

請仔細分析，你可能會發現這樣一些原因：

第一，那個人是老闆想要找的人。

有時候，老闆想要招聘一位員工，但偏偏有兩位應徵者面試表現得非常適合，老闆又無法權衡，只好讓兩個人都上班。在工作中，老闆便能看出誰是自己最想要的了。所以，老闆會對其中一個「偏心」。

第二，老闆會對長得好看的人青睞一些。

長得不好看的人在職場上是吃虧的，「沒有醜的人，只有不會打扮的人」，努力通過外在的裝扮，會讓老闆刮目相看的。但也請記住，縱使花枝招展、天生麗質，如果心地不善的話，還是會遭到辭退的。

就像前面我們提到的，外貌只是一個優勢，不會伴你到最後，內在才是長久的關鍵。老闆會喜歡有志氣的人，尤其是那個人有點才華就再好不過了。

林老闆在招聘的時候，遇到了一個叫林方翔的人，他小小年紀就因業績被業內廣為傳頌。看了他的履歷，林老闆也覺得他是一個可造之才，便要祕書打電話約林方翔來面試。

初見林方翔的時候，林老闆看出他有點害羞，也能看得出他是一個心地善良的人。再加上林方翔談吐不俗，林老闆認為他是一個能做大事的人，尤其讓林老闆看中的，還有林方翔出眾的外貌。

於是，林老闆許了他很高的待遇，甚至還有些擔心他不進自家的公司。

後來，林方翔在林老闆的麾下，得到了很多照顧，他的能力和才華也得到了施展，而那些同期入職的同事，就只得望洋興歎、自嘆不如了。

有時候，我們會恨老闆偏心，直到我們見到對方，才發覺自己的確不如對方，也就釋懷了。

在《神鵰俠侶》中，公孫綠萼是非常喜歡楊過的，她自認為自己配得上楊過，直到後來絕情谷中又來了陸無雙和程英——她們也對楊過有好感，並且姿色不遜色於公孫綠萼，可惜她們都不是楊過愛慕的人。當公孫綠萼親眼看到了楊過朝思暮想的小龍女，是如此超凡脫俗，她真的比不上小龍女之後，就自然甘拜下風，不再另作他想了。

我們只有越來越優秀，這樣得到別人青睞的機會才會增加。

第三，一個有長遠目光、為別人著想的人，會得到別人的青睞。

想當初，王昭君可謂是「身在宮中人不知」。匈奴呼韓邪單于請求和親，漢元帝一時不知道該讓哪位公主出嫁，王昭君便主動請纓，解了漢元帝的燃眉之急，被賜封為公主，出嫁邊塞。

因這份獨到的「眼光」，王昭君順利地嫁到了匈奴，後來還獲得了「明妃」的讚譽，流芳千古。

第四，好的名聲。

一個人的名聲好，別人往往對他有好感，也會對他青睞有加。很少有人願意起用那些道德敗壞的人，只有聽別人評價那人很不錯後，才會有人主動賞識他，願意給他翻身的時機。

第五，別人器重你，可能是因為你的忠誠。

有句話說：「責任勝於能力！」縱使你有很高的本領，如果你心不在焉，只是以這裡作為跳槽的跳板的話，對方就不會青睞你了。

第六，誤會要及時消除，別人才能重新認識你。

一開始，別人對你青睞有加，後來卻對你冷冰冰……這之間一定產生了問題，要找到並加以解決。不然，誰也不主動，就有可能一個向左走，一個向右走，不會再有合作的交集了。

別人都只會給予自己青睞的人機會。**尤其是那些有聲望**、**有能耐的人，他們是不會隨便選擇一個人來垂青的。**

我們首先要明白，他為什麼會被別人青睞，然後也成為那樣的人，才會得到更多的賞識，讓自己事半功倍。

02

即使無人喝彩，也要為自己點讚

有才就像懷孕一樣，時候到了，
自然就能被別人看出來。

很多人不知道自己的未來在何方，找不到努力的方向，從而得過且過。還有一些人，遇到了伯樂，從此際遇與眾不同。我們會說那些人足夠幸運，年紀輕輕，便取得了不可小覷的成功，但是否他們前進的道路就此暢通無阻？還需要拭目以待。

比如某雜誌，曾經影響面較廣，是深受青年讀者喜愛的文學刊物之一，也培養了一批批具有代表性的「八〇後」、「九〇後」作家。這些作家在當時可謂是「紅透半邊天」，特別是參加過該雜誌舉辦的作文大賽並獲獎的那些優秀年輕人，可以憑此直接進入北京大學、復旦大學……很多人的命運，就此發生翻天覆地的變化。

在其作文大賽的帶動下，出現了不少顯赫一時的新銳作者，如嚮噹噹的郭敬明、韓寒、馬中才、李海洋、小飯、周嘉寧等，但這些作者中，有的前程似錦，有的則紅火了一陣子，便少有作品問世，銷聲匿跡了。

遇到伯樂的人，總是會讓人心生羨慕，起碼他們的前程看上去一片光明，有人指導，有人庇護。

但常常令人遺憾的是，有些很早遇到伯樂，從而被認為是前途無量的人，隨著歲月的流逝，反而消退了光芒。

那麼如何才能不錯過伯樂，不讓前程灰暗呢？

第一，你必須要有真才實學，很少有人願意去培養一個「扶不起來的阿斗」。

第二，在尋求伯樂的賞識時，你必須要真誠、謙虛、低調。

第三，毛遂自薦。如果你遲遲沒有遇到伯樂，何不自己推薦自己，讓大家認識你呢？畢竟「伯樂不常有」，坐著等待，只會讓你終生都在感慨壯志難酬中度過。

班長轉學了，班導師讓大家選舉新班長。教室裡靜悄悄的，忽然，惠明發站了起來，他說：「我選我！」

班導師很好奇，問：「你為什麼要選你自己呢？」

惠明發說：「我和班長一樣，勤勞積極、友善合群、關心同學，對課業也很上進。

我想從此以後讓班裡更活躍，讓我們的班級更優秀。」

班導師聽了，點點頭說：「很好，你就是我理想的新班長！」

我們只有勇於推薦自己，才有可能獲得展示自己的機會，但切記不可吹噓。

曾有一個網路紅人，她自詡：「九歲起博覽群書，二十歲達到頂峰，智商前三百年後三百年無人能及……」這樣的描述，只會被人當作反面教材。

「浪得虛名」只會讓人們不屑和譏諷，只有「名副其實」才有可能讓別人崇敬。

有一個八〇後代表作者說：「我當時也想通過這個雜誌走向文壇的，但每一次都碰壁……當初，我很想成為他們旗下的一員，可惜他們沒有人願意成為我的伯樂……」

多年之後，沒有通過這個作文大賽的他，依然憑藉自己的努力，成為自己想要成為的人。

也許你會覺得當初的他懷才不遇，為他沒能遇到適時賞識自己的伯樂而扼腕，但酒香不怕巷子深，只要你足夠優秀，即便沒能恰逢其時遇到伯樂，又何妨呢？

即便目前的你暫時「無用武之地」，也不要消沉，要知道，**有才就像懷孕一樣，時候到了，自然就能被別人看出來了。**

如果你的確是一枚金子的話，放在哪裡都會發光的，只是早晚的問題。

我們會希望遇到伯樂讓我們前程似錦，但千里馬常有，而伯樂不常有，我們在尋求伯樂的時候，要真誠、主動，不虛誇。

如果你的確可塑，伯樂會助你一臂之力的。

有才就像懷孕一樣

時候到了，自然就能被別人看出來了

03 為什麼總有人為難你？

你必須奮發圖強，
才能在某一天把總是應諾著低著的頭抬起來。

在我們身邊，往往有這樣一個人，他再怎麼努力做，也不受歡迎——老闆會為難他，同事會挑他毛病，妻子也會數落他這、數落他那。

可能，這個人活得並不快樂。為什麼總是他被當作出氣筒呢？為什麼總是他是眾人發洩的對象呢？是他心甘情願的嗎？

當然不是。他也渴望那種眾星捧月的感覺，只是他沒有那種優越的可能性，目前只能處於被別人貶低的位置。

「那個誰誰誰，給我倒一杯咖啡！」他會馬不停蹄地去倒。

誰知，對方刁難說：「你不知道我平時不喝加糖的咖啡嗎？這咖啡怎麼有點甜？給我換一杯！」他不得不屁顛屁顛地去做。

就像是在一些影視劇中，老大會刁難老二，老二點頭哈腰。然後，老二會刁難老三，老三會刁難老四……

一個人被故意刁難，很有可能是這件事很棘手，對方心煩意亂，把煩惱向你傾倒。另外，一個人不喜歡你、討厭你，想把你趕走的時候，也會故意刁難你，想讓你知難而退，他好有下臺的餘地。

一個人故意刁難你，還有其他可能。他想看看你的潛力有多大，然後再決定是委你以重任，還是讓你做平凡的小事。

他還有可能是，沒事找事，就是看你不順眼。

遇到這樣的委屈，我們往往會壓抑在心頭。

「人在江湖，身不由己」，如果我們足夠優秀，他們就不會刁難我們了。還是我們比較弱小。好像每個人都喜歡欺負比自己弱小的，在強者面前卻會顯得很乖。這是很自然的事情，所以我們要讓自己脫胎換骨。

在丁霏小的時候，小夥伴楊罡經常欺負他，認為他是一個傻瓜。後來，丁霏成了大老闆，楊罡靠打工為生，每次遇到丁霏，楊罡都非常客氣。

人，就是如此，之所以會有人刁難你，除了認為你不足之外，還有可能是讓你長點記性，或者給你一個下馬威。

而「人在屋簷下，怎能不低頭」，也許某一天你就會雄赳赳、氣昂昂，反過來對別人呼來喚去，那還真要看你是否能夠成為大人物了。

所以，在我們還是小人物的時候，被刁難是很正常的，我們要接受並尋求突破。當然，某一天我們也可能會「刁難」別人，到時候我們就深有體會：為什麼當初會被其他人刁難了。

如果你做得不好、你不被別人喜歡，有意無意地，你可能就會被刁難。**你必須奮發圖強，才能在某一天把總是應諾著低著的頭抬起來，很有氣勢地吩咐別人去做事情。**

04

不是你沒機會，是你還不夠努力

我們要變「生氣」為「爭氣」，最後令他們刮目相看。

有的人不費吹灰之力就能達成所願，有的人縱然費了九牛二虎之力也於事無補。現實，就是這麼讓人捉摸不透，於是，有的人事事順心，有的人處處碰壁。可機會是均等的，為什麼我們總覺得不如某些人有這麼多的機會呢？

抓住機會的人，有可能會鹹魚翻身，扶搖直上，成為人上人；而和機會擦肩而過的，有可能永遠只是平庸的無名之輩。

每個人都不願意過庸俗的生活，都想成為名人，受到別人的敬重。如果你想從別人那裡得到機會，你就要按照別人的成功經驗去做，不然，你與別人的差距會越來越大。

曾有這樣一種生活體驗，我們新加了一個LINE群組，就要聽從於群主的指示，要你改換掉名片就得改，在群裡不能說什麼就不能說什麼，在群裡不能發什麼圖片就不能發什麼圖片……否則，就會被「踢」出群。

縱然你還想借用群裡的資源，也無望了。

為什麼別人有實力「斷送」我們的機會或資源？無外乎以下幾種原因：

第一，如果你讓別人發現了很多令他不滿意的一面，他就會不願意與你合作。

一開始，你們合作起來順風順水，之間出現了差錯，沒能得到很好的解決，對方自然就心存芥蒂了，下一次也很難再找你合作了。

馬亞軍和一家公司起初合作得很順利，但後來在報酬支付的時間上發生了矛盾。雖然對方仍滿面笑臉地說：「以後還有合作！」但自此以後，就再也沒有合作了。

第二，如果你沒有價值，別人是很難給你機會的。

別人為什麼栽培你，是真的無怨無悔嗎？很少有不希求回報的，這是人性的劣根所在。如果你的努力讓他們看不到希望，那麼他們就會毫不留情地把你辭掉。

一些人拜師學藝，想要出人頭地。他們的教練或師父會從中擇優選擇，淘汰掉不滿意的，只留下來那些有機會成才的，那些差強人意的只會被「遣返」……

所以，你要有才能，讓人看到你「豐收的碩果」，否則你只會錯過很多機會。

第三，你要按照他們要求來，才可能有機會。

不然，他們認為你不聽話，縱然你有再高的才華，也會被孤立的。

同樣是兩部作品，王編輯選擇了有名望的作者寫的，另一個名不見經傳的作者，問：「為什麼採用他的，不採用我的？我的看起來比他的品質還好啊！」

王編輯不冷不熱地說：「人家可比你有名氣！對於你這樣新人的作品，我們一般是不採用的。」

這位作者很生氣，但這反而激發了他的鬥志。他後來再也沒和這家出版社合作過，卻成了另一家著名出版公司的當紅作者。

對於那些當初不願意給我們機會的人，**我們要變「生氣」為「爭氣」，最後令他們刮目相看。**

只有我們變得越來越強，才不會遭受無理由的冷眼。當你成功的那一天，你也可以自豪地說：「我是自學成才！」

關鍵是你必須要很努力，必須要成功。

在我們渴望出人頭地的時候，有時候會遇到各種人、各種事壓抑我們，幸運的，會抓住「鯉魚跳龍門」的時機。更多的，是沒有翻身的機會，最終過著平平淡淡的日子。

雖說機會是均等的，但如果你一直得不到賞識，機會，也就顯得不那麼公正了。

你需要奮發、崛起，讓那些數落、嘲笑你的人，悔恨他們當初的眼光。

05

聽說你過得不如意，卻還很安逸

如果我們安於目前的被安排，
那今生恐怕都只會活在別人的指示之中。

好像很多人都不安於目前的生活，但又無能為力，所以，他們選擇「得過且過」地活著。

他們也希望自己的生活會越來越好，想要什麼就有什麼，想做什麼就能把什麼做成功。只是現實永遠是殘酷的，沒有夢想的那麼美妙，在經過重重打擊之後，只會產生「習慣性的無助感」。

之前，有人做過這樣的實驗。

他把一條鯊魚和一群熱帶魚放在同一個水池裡，並用強化玻璃將牠們分開。一開始，那條鯊魚一心想吃掉那些美味可口的熱帶魚，所以，牠拚命地撞那道玻璃，企圖游過去，但遺憾的是，牠每一次都以失敗告終。

最後，鯊魚只好悶悶不樂地回到了原處，躲在一個角落裡不再行動。這時候，實驗人員把那道玻璃拿走。鯊魚仍習慣性地待在原地不動。牠是多麼想吃掉那些熱帶魚啊！只可惜牠一直認為，自己是永遠游不過去的。

我們在反覆失敗之後，也會產生這種絕望的情緒，從而失去了自信，學會了「無助」。我們開始降低自己的標準：只要不餓死就行了，哪管能否住上大房子，能否開上轎車……

很多時候，我們就是這樣，習慣了安於現狀，認為憑自己的能力及條件，是無法打破目前的障礙。否則，誰願意過不盡如人意的生活？

梁寶強大學畢業後，他清楚意識到自己已經是大人了，不能再依靠父母了，於是來到北京謀求生存。

一開始，他認為自己會在二環內[1]找到一份不錯的工作，體面、光鮮，然後住在寬

---

① 沿著原北京城牆興建的環狀快速道路，環數越少越靠近市中心。

敞明亮的大房子裡……然而，他太天真了，大部分的公司都不要沒有工作經驗的應屆畢業生。

最後，他好不容易找到了一個不需工作經驗的單位，單位還願意提供宿舍給他。

但他每天一醒來，就要去工作，一週要上班六天。傍晚累得筋疲力盡回來的時候，入住的是潮濕、陰暗的地下室員工宿舍。

梁寶強從來沒住過地下室，尤其是室友如驚雷般的鼾聲更是讓他接受不了；有的室友還說夢話，還有的室友衛生習慣不好，等等。

剛入職工作的梁寶強，急切地想要離開這家單位。半年之後，梁寶強有了一定的工作經驗，於是又去找新的單位。

新的單位工資待遇提高了，但不提供住宿。梁寶強認為他終於可以自由地選擇自己想要住的地方了，但他發現，他相中的房子一個月的房租遠遠高於他一個月的工資……

他徹底地崩潰了，不得已，他只得選擇一個與別人合租的隔間套房。

又過了一兩年，梁寶強有了一定的積蓄，也換了更好的工作，他可以住大一點的房子了。這又讓他在支出方面增加了不少。

他每天都忙到很晚——看來自己一輩子都要把掙來的錢花在租房上了，他曾經試想，要是在北京有人送自己一間房子多好啊！但他知道，這無異於痴人說夢。

他可能在北京工作了一輩子，到最後也買不起一間房子，而且即便能買得起房子又如何？他還想過今天居住在這裡，明天居住在那裡的生活呢。

幾年之後，梁寶強不想再這樣漂泊了，但他還是無法安定下來。生活強迫他必須成為房奴、醫療奴……他真的不知自己該怎麼辦了。

漸漸的，他安於這種忙忙碌碌的生活，不再「反抗」了。

一旦我們接二連三地想要轉變，卻總也見不到成功的時候，我們便會認為生活就應該如此……

只有經歷過如此喪氣事情的人，才會有如此真切的體驗。但「人往高處走，水往低處流」，我們不應每天為了這些小事而過得不快樂。**我們還是要朝更高的目標邁進，或許只有到那一天，我們才能改變很多不如意的現狀。**

只要我們努力過了，不管最終的結果如何，我們都會無怨無悔，但如果我們安於目前的被安排，那今生恐怕都只會活在別人的指示之中，永遠為生計忙碌，難以好好地享受生活。

06

不能讓壞習慣像野草似的滋長

發現壞毛病時，要及時「治療」，以免付出更大的代價。

俗話說：「金無足赤，人無完人。」我們追求完美無瑕，但總會有些小毛病、小缺點。如果我們不去留意這些小瑕疵，隨著時間的推移，它就有可能變得越來越有危害性。所以，即便此刻我們不能成為完美的人，但也要努力改變自己，彌補不足。

趙常宏在很小的時候父親就去世了，是母親把他辛苦地拉拔到大。母親本來以為趙常宏長大了應該會更懂事，不料，趙常宏更不聽她的管教了，舉止行為也越來越讓母親生氣。

母親常向鄰居抱怨：「我一個人撫養他長大，容易嗎！現在他長大了，不需要我了，就想什麼做什麼，他顧及母親的感受了嗎？」

鄰居說：「有很多小孩都是和趙常宏一起長大的，現在卻不需要家長如此費心，為什麼常宏會讓妳如此操勞呢？」

趙常宏的母親說：「我也不知道是怎麼回事，可能是他長大了吧。不過，我覺得人長大了就應該更懂事了呀，不知道他是哪根筋不對了，反而變得越來越不懂事……」

鄰居說：「你再好好想想，他是哪些地方變了？」

母親說：「因為他小時候沒有父親，缺少一份愛，加上我一個人養活他，很辛苦、很心疼他，所以有時候他偷了誰家的菜，我都當作是小事並沒有責罰他。

「後來，他又偷了同學的書包，因為是我沒錢給他買和同學一樣好的書包，所以便原諒了他。

「再後來，他又偷了別人的自行車……我想他反正缺一輛自行車，就睜一隻眼閉一隻眼，給人家錢了事算了。

「我覺得這都是為他好，沒想到他前幾天竟對我說：『以後不用妳管我了，我死活都和妳沒關係！』我不知道他這是怎麼了，為什麼要說這樣的話，太傷我的心了！」

鄰居聽後，說：「這都是妳一手造成的啊！」

「為什麼這麼說呢？」

「妳想想看，他很小的時候就有『偷』的壞毛病，妳不但沒有加以制止，反而縱容……他的這個毛病越來越大，越來越平常，因此他偷的東西會越來越大，次數越來越頻繁。小偷小摸不及時制止，將來就可能犯更大的錯！到時候妳就『叫天不應，叫地不靈』了！」

母親仔細地思索著往事。在鄰居苦口婆心的分析下，她發現到頭來是自己錯了，是自己之前的小錯釀成了如今的大錯，只是不知是否還有挽回的餘地。

很多時候，我們抱怨孩子這不好那不好，追根究底，往往是緣於我們對他的教養不夠。《三字經》說：「養不教，父之過。教不嚴，師之惰。」

在日常生活中，我們要以身作則，做孩子的表率。**當我們發現自己或孩子身上的壞毛病時，要及時「治療」，以免付出更大的代價。**

很多時候，我們怨恨叢生，想挽回大局，但為時已晚。人最怕的就是後悔，**只有事先做準備，防微杜漸，才不至於讓那些小的壞毛病將來有猖狂的一天。**及時糾正壞習慣，和它們說再見，從此脫胎換骨，渾身散發出活力，別人自然會對你刮目相看了。

在韋曉燕的心中，她最討厭「宅男」。她認為宅男整天窩在家裡，沒有情趣，不修邊幅還邋遢至極，沉浸在虛擬的網路世界，與現實隔離……

總之，她認為宅男有很多不好的習慣，她也發誓，不會和宅男交往。

但偏偏有一個叫戎國文的宅男，十分喜歡韋曉燕，可以說他身上具備了韋曉燕認為的所有「缺點」。

他曾在公眾場合大膽地對韋曉燕展開追求，卻被當場嚴詞拒絕了。

戎國文自以為很浪漫地在韋曉燕家樓下求愛，誰知韋曉燕從樓上潑下一盆冷水，對戎國文說：「你能清醒一下嗎？煩死了！」說完，「哢嚓」一聲把窗戶關上了。

戎國文一直在韋曉燕那裡受到冷遇。

他不明白，他對韋曉燕是那麼的真心，可韋曉燕為什麼要處處為難他呢？看到鏡子裡鬍子拉碴的自己，戎國文不禁抱頭痛哭起來。

自那以後，戎國文來了個「七十二變」，瞬間從人人避而遠之的「宅男」成了人人追慕的「男神」。

韋曉燕也發現了他的改變，只是一時還摸不著頭緒。

現在，有這樣一個人人追慕的男神來追她，韋曉燕自然歡喜地答應了他。

婚後，戎國文對韋曉燕說：「我愛妳，所以我願意為妳做任何改變！」

韋曉燕不好意思地說：「其實，我覺得宅男還是蠻可愛的，只是我更喜歡那些衣著整潔、乾淨的男士……」

壞毛病、壞習慣如果不加以遏止，它會給你帶來束縛，如果你對現在的自己還不夠滿意，那你要適時改變了，這也會改變別人對你的看法。

如果你敢來一次脫胎換骨的轉變，那一定會有一次意外的驚喜等著你。

你會因為壞習慣越來越少，而越來越招他人喜歡，更容易聽到各種讚美，讓你樂在其中。

CHAPTER

2

你為什麼難以擺脫平庸？

如果只怨天尤人，
一心想過可望而不可及的生活，
不去努力，不去堅持，
那一生都只能沉浸在自己的幻想之中了。

01 你欠理想一個行動

你堅信並努力持之以恆，
結果就會朝著你期望的方向行進。

馬丁．路德．金說：「我夢想有一天，這個國家會站立起來，真正實現其信條的真諦：『我們認為真理是不言而喻，人人生而平等。』

「我夢想有一天，在喬治亞的紅山上，昔日奴隸的兒子將能夠和昔日奴隸主的兒子坐在一起，共敘兄弟情誼。

「我夢想有一天，甚至連密西西比州這個正義匿跡，壓迫成風，如同沙漠般的地方，也將變成自由和正義的綠洲。

「我夢想有一天，我的四個孩子將在一個不是以他們的膚色，而是以他們的品格優劣來評價他們的國度裡生活。」

幾十年後，馬丁．路德．金已不在這個世界上，然而他的夢想卻在他生活的那片大地成真了。

據說〈示兒〉是愛國詩人陸游生前創作的最後一首詩：「死去原知萬事空，但悲不見九州同。王師北定中原日，家祭毋忘告乃翁。」

但直到最後，大宋也沒能收復中原失地，陸游的願望算是落空了。

有的人願望會實現，有的人願望會落空，就像有流星雨的日子，有的人許願實現了，有的人的願望一生也沒能成真。

這些願望只是一種美好的遐想，能不能得以實現，我們並不能提先預知，最重要的是要靠我們的不懈努力。

東漢名臣喬玄，善於識人，對二十初頭的曹操非常讚賞，說他「今天下將亂，安生民者其在君乎。」

當時的曹操沒什麼名氣，而喬玄則是三公之首的太尉，位高權重，對於這樣一個大人物的讚譽，曹操之後也不負所望，終成大器。

有時候，心懷願望，也是一種心理暗示，有人說你會成功，你堅信並努力持之以恆，結果就會朝著你期望的方向行進。

不要迷信算命、生辰八字，自己給自己的心理暗示，才最有效用。

理想和願望，會讓我們變得更清醒，讓我們明白是我們做得還不夠好，還是現在準備得還不夠充分。

未來有可能讓我們如願，也有可能實現不了我們的心願，但我們不能為之而氣餒，要為了能夠達成所願而不懈努力。

還在等什麼呢？從今天起，為心中那個夢想拚搏吧。

一切終將雲淡風輕，只要我們為之努力過，還有什麼可遺憾的呢？

02 你為什麼難以擺脫平庸？

大多數人的骨子裡，是不希望平凡地度過這一生的，只是被太多的「無可奈何」所禁錮。

很多人都不願意與平庸為伍，都想出人頭地，但有的人轟轟烈烈，有的人卻依然平庸庸。

既然我們都努力活得更好，為什麼還會平庸呢？

近朱者赤，近墨者黑，如果我們身邊都是平庸的人，我們自然就會認為「平庸」才是王道，於是，甘於不求進取，很難打破周圍的環境，置之於其中並怡然自得。

一個人之所以平庸，是因為沒有偉大的念頭。往往理想越大，就越渴望脫掉平庸。

一個人之所以平庸，是因為沒有堅持到底。很多事情，只有堅持到最後，才會成功，如果中途放棄的話，就註定會失敗。一旦失敗了，我們就又得回來和平庸做伴。

何特輝把他的孫子叫到跟前，說：「想當年我可是全村數一數二的人物！如果我二十歲的時候就外出打拚，那樣就有可能擺脫被父母操控的命運。然後到三十歲的時候，就可能會擁有自己的事業；到四十歲的時候，就會家庭、事業雙豐收；到了五十歲的時候，就不再愁將來了；到了六十歲的時候，我會處處被愛戴，那時候一人之下，萬人之上，多麼美好的感覺啊！」

誰知，他的孫子好像不明白地問：「爺爺，那為什麼您現在還在為著生計勞碌呢？」

一個人之所以平庸，是因為選擇了錯誤的道路。一條路走到底，也有可能是誤入歧途。這條路走不通的時候，要學會另闢蹊徑。有時山窮水盡，並不是死胡同，轉一個彎，興許就是柳暗花明又一村了。

所以，變通，很重要！

一個人之所以平庸，還有可能是不求突破。如果他再加把勁，說不定就會把瓶頸衝破，徹底地翻身。只是很多時候，人們習慣了被思維的牆困住自己而已。

大多數人的骨子裡，是不希望平凡地度過這一生的，只是被太多的「無可奈何」所禁錮，我們要努力擺脫平庸，讓自己的一生活得更有價值。

03 先定一個小目標，然後去努力

你有怎樣的人生，在於你的選擇。

如果可以自由選擇，你想要什麼樣的人生？

相信很多人都會選擇出生在一個優渥的家庭之中，不需要父母多有錢，但可以豐衣足食。

如果你可以選擇你的人生，你還會犯下以前的錯誤嗎？你喜歡的人會變得喜歡你嗎？有別人羡慕的工作，就不必為了錢而披星戴月地生活了嗎？

現實中，我們很難過上「你想要的理想」的生活，更多的是過得不如意，也正因為如此，每個人才應該保持對美好的衝動，努力工作、努力生活。

如果只怨天尤人，一心想過可望而不可及的生活，不去努力，不去堅持，那一生都只能沉浸在自己的幻想之中了。

蘇浩川喜歡上了一個女生，但落花有意流水無情，那個女生並沒有向他投來愛慕的目光。儘管蘇浩川大力追求，但最終還是未能感動心上人。

最後，那位女生和另一個人結婚了。傷心至極的蘇浩川想不開，也想不明白，便決心到寺廟請求出家。

住持說：「我昨晚做了一個夢，說今天有貴人來，他是天上的星君下凡，日後會娶到如花女子。」

蘇浩川聽了，更痛苦了：「你的夢恰恰相反啊！那個人不但不是貴人，反而是個掃把星！他不但沒有娶到中意的人，還被對方狠狠地損了一把。看來，他是再也沒有機會遇到中意的姻緣了。」

住持說：「非也、非也。只是時機未成熟。我現在不能剃度你，按照佛祖的指示，你必須到人世間尋得一份心滿意足的愛情。」

蘇浩川說：「我也希望有中意的妻子，但目前看來是無望了。」

住持再次解釋說：「按照佛祖的明示，他已經給了你重新選擇的機會，你可以去選擇你喜歡的人了，並和她結婚。」

蘇浩川信以為真，在下山的時候，他遇到了一位氣質如蘭的女子，他想這一定是佛祖給他特意安排的。於是，他對這位女子展開了誠意的追求。這位女子也是一個追求真愛的人，最終，她被蘇浩川的真誠所打動了，願意嫁給他。

婚後，蘇浩川一直堅信，眼前的妻子就是住持口中的那個「如花女子」。其實，這位女子只是來遊玩的，住持對他的一番話只是出於好意的勸解。沒想到在這種心理暗示之下，蘇浩川的生活煥然一新。

有時，即便事事不盡如人意，我們也要學會自我鼓勵：我們還有重來的機會，可以選擇自己想要的人生。

有努力的目標，有堅持下去的理由，自然會覺得每一天都是幸福的。**過往的已成為過往，起碼我們還有將來可以努力奮鬥。**

只要我們願意去改變，我們的人生說不定就會如願。

一群小泥人要搬家，遇到了河流。小泥人們都望而卻步，只有一個小泥人大膽地踏了進去。

這時候，其他的小泥人驚呼：「你瘋了！」

「那樣你是自取滅亡啊！」

「快點返回來吧，你不要命了。」

但是這個小泥人還是義無反顧地踏進了河流，它感到渾身劇痛，可當他看到河對岸一派生機勃勃還是拚命地向前遊去……最終，它因體力不支，昏厥了過去。

在小泥人醒來的時候，它發現自己已經「脫胎成人」了，到了一片富饒的地方。這時他才得知：**面對選擇的時候，要勇敢，不然，只會違背心願。你有怎樣的人生，在於你的選擇。**努力的路上興許會遭到別人的嘲笑或非議，但堅持走自己的路，過你想要過的生活，不必太在乎別人的閒言碎語。

大部分人認為：「人生在世不如意。」如此，便會很容易變得沒有鬥志，安於現狀。其實，我們可以想像「自己有機會選擇自己的人生」，那樣我們就會在心理暗示的作用下，讓自己朝著那個方向邁進，即便最終不一定成真，但也前進了很多，讓自己品嘗到了屬於自己努力得來的那份豐收的喜悅。

那些能勇敢走自己路的人，某一天一定會大放光芒。那些被別人所左右的人，只可能是人云亦云中的一員。

努力過屬於你的人生，只要你為之吃了苦、下了功夫，即便某天還是不能如你所願，你也會問心無愧。

04 認真你可能真輸了

放棄不必要的堅持，
才會距離成功越來越近。

我們常常希望事事如意、一帆風順，但未來總是讓人難以預測，原本美好的設想，在現實中常常散落一地，很多時候，我們堅持到最後，卻什麼也沒有得到，兩手空空。苦悶的同時，我們怨天尤人，還會受到別人的嗤之以鼻。

趙勝楠和一家公司簽訂了合約，公司許諾等專案上市後就結清款項。趙勝楠便認真地以為能拿到全部的欠款。

誰知，他等了很久，遲遲不見專案順利上市。趙勝楠便催促對方，一開始對方還和氣地答應著。後來，他們似乎把這件事情忘卻了，遲遲沒有動靜。

趙勝楠又找這家公司洽談了一番，答應得好好的，卻又被擱置一邊。趙勝楠等不了了，要求對方必須給個交代，設定期限。這家公司也不是省油的燈，乾脆兩手一攤：

「這項目我不做了，你找別人去吧！」

這對趙勝楠來說，猶如當頭一棒。趙勝楠對自己的做法，有些懊悔，三番五次去這家公司服軟，希望能繼續合作。但這家公司已經掌握了主動權，不再理會他了，還囂張地說：「你可以告我們啊！」

趙勝楠追悔莫及。

有時候，我們信任別人，沒想到這信任卻被別人所利用。人心難測，商場更是變化莫測。明天會怎樣，沒有多少人能夠準確預知。

既然這樣，我們是否還需要痛苦地堅持？也許到頭來，受傷害的只能是自己。**我們要學會練就淡定的心態，寵辱不驚，去留無意。**這樣，得與失都對自己無礙。無論將來面對多大、多意外的打擊，都能夠從容不迫地面對。

請放下沉重的行囊，輕鬆前行。有時候堅持是必要的，但放棄也是必要的。**放棄不必要的堅持，才會距離成功越來越近。**

05

自己強大，才能影響他人

我們不強求別人，
但必須要求自己做到更好。

很多人經常會思考這樣一個問題：我給別人的印象會在對方心裡保存多久呢？若干年後，對方是否還會記得我？

每個人的記憶力是不一樣的，我們很難得知，一個人什麼時候會忘記我們。有些人可能見了我們一眼就忘卻了；有些人可能見了我們之後，怦然心動，時不時地還會想起我們；有的人可能一輩子都在懷念我們。

你能左右某個人記著你的時間多長嗎？你希望別人多記住你一天，別人就會多記住你一天嗎？你希望別人記住你一輩子，別人就會記住你一輩子嗎？

都說魚的記憶只有七秒，七秒鐘之後，魚就不記得過去的事了，一切又變成嶄新的。人，不也是如此嗎？總有些人是我們毫無感覺的，就算幾天後再次見面，我們也記不得之前見過面；總有一些人僅一面，我們便期望還能再見到他。

彭義在參加一次聚會時，遇到一位女子對他驚奇地大呼：「彭義，是你啊！好久不見，你還好嗎？」

彭義仔細地打量著這個女子，怎麼也想不起來他們是如何認識的，只好問：「我們見過嗎？」

女子說：「當然見過啊！當時我們還聊得很投緣呢。你還記得三個月前，你出差到威尼斯，在聖馬可廣場，我請你幫我拍照留影嗎？」

彭義便努力地回想了一下三個月前的出差，覺得確實有這麼一回事，只好滿臉熱情地說：「原來是妳啊！好久不見，妳怎麼樣了？」

其實，在彭義的心裡，他還在犯嘀咕，到底是否真的見過眼前的這位女子。

人就是這樣，記住別人和被別人記住的時間、理由都不一樣。

你想在別人心中存留下多長時間呢？多年後，你再也不認識的那些人，還會有人對你的往事歷歷在目？

我們難以得知，有多少人把我們留在了他的記憶裡，可能只是浮光掠影，可能是亙古不變。

我們也很難得知自己會影響別人多久，那些非要把自己的偉大之處硬生生地刻在別人記憶裡的人，最終，只會被別人所遺棄。

我們不強求別人，但必須要求自己做到更好，因為人人都喜歡和優秀的人在一起，人人都喜歡記住美好的事物。

06

為什麼不要做一個聽話的乖孩子

在別人的安排下生活，我們並不會真正的快樂。

最近，孟帥和爸爸媽媽起了衝突。

媽媽說：「我們白養活你那麼大。現在你長大了，知道造反了，連爸爸媽媽的話也不聽了。」

孟帥說：「我已經不是小孩子了，不需要你們幫我安排未來！」

媽媽說：「我們是為你好啊！你想想看，你爸爸給你找了一個好工作，花費了多少心思你知道嗎？我幫你介紹了一個不錯的女孩，你不僅不領情，還反而數落我干涉你的婚姻自由，真的太不像話！」

孟帥說：「媽媽，現在都什麼年代了，我的婚姻我自己做主，哪裡需要您老人家出馬。再說了，爸爸幫我找的工作，我根本不喜歡，如果讓我去上班，我寧願失業。」

媽說：「你喜歡的事情這麼多，你喜歡什麼我們就幫助你什麼嗎？」

孟帥說：「也不一定是這樣，但你們總不能為難我啊！還有媽媽妳介紹的那個女孩，固然家世富有，但既不溫柔也不賢慧，妳想讓妳的兒子將來面對那樣的女人嗎？如果我把她娶進門，她是那麼嬌生慣養，以後不光不會孝敬妳，還會和妳鬧脾氣。妳想想，婆婆和媳婦一鬧起來，家裡還有安寧嗎？」

媽媽覺得孟帥說的話有道理，問：「你說該怎麼辦？」

孟帥說：「畢竟我已經不是小孩子了，我也明白爸爸媽媽的用心良苦，如果爸爸媽媽真的為我好，就放心地讓我去找工作，找對象。別小看你兒子，雖然他在衣食無憂的環境裡長大，但也能耐得住風風雨雨。畢竟，只有靠自己，將來才會讓你們安心。」

媽媽說：「兒子說的有道理，那你就試試看。」

孟帥高興極了，孟帥有自己的想法，而爸爸媽媽也有他們的意見，因此之間難免一場爭論，後來孟帥贏了，他才能更好地去實現自己的想法。

我們也時常地被爸爸媽媽所絮叨，他們總是擔心我們在外面過得不好，受人欺負，有時也擔心芝麻粒那麼小的事。

爸爸媽媽是為我們考慮的，但我們卻不能按照爸爸媽媽的想法去生活，畢竟他們也有一定的局限，他們往往是從他們的觀念出發，而他們的觀念有時並不適合我們的長遠發展。

只有我們才知道自己真正需要什麼。既然心知肚明，就要向爸爸媽媽攤牌，這樣爸爸媽媽才有可能尊重我們的意見。否則，爸爸媽媽說什麼就聽什麼，一生都可能失去了自主生活的權力。

要是對爸爸媽媽的嘮叨不滿，又不願意說出自己的想法，如果你只是一個很聽話、很乖的孩子，那麼人生就有可能並不是自己想要的了。**在別人的安排下生活，我們並不會真正的快樂。**

07

保持一份好奇，世界會給你驚喜

有所努力，勇於發現，
敢於探索。

我們希望自己是萬能的，但遺憾的是，總有些事情讓我們捉摸不透。時至今日可能還不明白，為什麼我們會在某年某月某日來到世上，為什麼不是提前幾年或晚了幾年。

有時候我們搞不明白，為什麼父親就是他，母親就是她。還有，我們為什麼沒出生在唐朝、漢朝，或者古羅馬，而非得要出生在這個時代呢？

我們會有這樣的一個並不精確的概念，一旦我們沒有發現的，就會被認為不存在於這個世上，若發現了，則會推翻原來的理論。

多年前，人們普遍認為開普獅子早已絕種了，後來在西伯利亞發現了人工飼養的開普獅子；英國人曾經認為金雕、水獺和紅松鼠絕種了，但就在他們國家的密林中再次發現了這些物種，英國人只得又說：「牠們還存在於世上，曾經被誤認為絕種。」

我們現在普遍認為袋狼、愛爾蘭鹿、歐洲野牛、渡渡鳥等物種絕種了，但地球那麼大，森林那麼茂密，海洋那麼廣闊，人類足跡沒有踏過的土地還有那麼多，在那些未知的領域一定沒有牠們的蹤跡嗎？

這世界上有太多的「未解之謎」，目前人們認可的只是其中的一種猜測而已，請保持我們的好奇心，對很多既定報導和事實，存一份懷疑，對看不到的、不了解的事物持開放的態度。

在一本武俠小說裡曾提到這樣一個故事：武林盟主刀子在眾人的眼光下自殺了，從此江湖上便認為永遠沒有刀子這個人存在了。

後來發生了一些匪夷所思的事情，沒有人能夠給出滿意的答案。每個人都在猜想原因所在，結局如何……

眾人的想法也是五花八門，各執己見，當然，也有幾個被普遍贊同的觀點。

直到後來，刀子「復活」在眾人面前，說所有的一切都是自己布的局，他們都被騙了……江湖中人的腦袋才漸漸清晰：他們發現刀子的墓是空的，每個意想不到的事情都能和刀子扯上關係……

於是，武林中人便改變了他們最初的觀點。

我們摸不透的東西還有很多，各個方面、層次，都有讓我們永遠捉摸不透的存在。

眼下，我們十分確認的某些「真理」，將來也有可能被顛覆。

就像很多年前，人們認為兩個不同重量的鐵球同時從高處拋出，重的那只鐵球會首先著地，輕的鐵球則會後著地。這個觀點影響了人類近兩千年，直到一五九〇年，伽利略提出「兩個鐵球同時著地」的假說論述，才打破了這一學說。

人生會有很多摸不透，我們活在這夢幻般的綺麗之中，無論是被冷落，還是被重視，都要有所努力，勇於發現，敢於探索。

CHAPTER

3

當你成為唯一，無人可以代替

不要低估自己的能力，
我們會比自己認為的更優秀。
不要輕易地動搖自己的信念，
除非你自己最後證明自己的努力和
堅持是錯誤的。

01

如果所有人都反對，你會力挺自己嗎？

我們應該在必要的時候站出來質疑「權威」。

我們還沒有到那種地步，讓世界所有人都反對你，但要是真的出現這樣的情況，你會否定自己嗎？

很多人在面對別人的非議時，會打退堂鼓，抑或隨波逐流。為什麼我們不能適時地喊出自己的聲音呢？那是因為在我們喊出聲音的時候，我們和別人的聲音都不同，有時甚至可以說是「格格不入」，有時還會被認為是「異類」。

更有甚者，對方會抱著「同化」的觀念，希望你也成為和他們一樣的人，如果你拒絕，則會被「剷除異己」。

當然，如果真的所有人都反對我們，那我們也要深思熟慮一下了，是不是我們真的哪裡做得不對或不夠好。

更多的時候，我們希望全世界的人都支持我們，那樣我們才有努力和堅持下去的勇氣。

對與不對，都是辯證的，只要不盲聽盲從，一味地偏聽偏信就好。

曹祥斌和同學因為一道題目吵了起來。曹祥斌堅持說自己是對的，別的同學都是錯的。別的同學笑他：「你沒有看標準答案嗎？我們的答案和標準答案是一樣的，一定是你錯了。」

曹祥斌很生氣，和同學們大聲地爭論著。

這時候，班導師走了進來，在問清原因之後，他對曹祥斌說：「你的推算解法讓我看看。」

曹祥斌便遞出考卷。

導師仔細看後，發現曹祥斌的推算和答案都正確無誤。原來是「標準答案」出錯了。導師對學生們說：「『權威』不一定是最準確的，我們應該在必要的時候站出來質疑『權威』。」

可很多時候，人們一直認為「權威」就一定是「確切無誤」的，沒有人敢提出相反的意見。如果有哪個人大膽地站了出來，別人都會對他投予鄙夷的目光，如果堅持到最後也不能成功的話，他註定會成為別人的「笑話」。

二百多年前，在一所大學的教室裡，一位學生正在用功地做著三道數學題。他把前兩道題目順利地做完了，最後一道題目也解答完了。

等他把答卷拿給老師，老師看後大為吃驚：「這三道題都是你做的？」

他很有成就感地說：「對，都是我做的！」

「那好，你現在可以把第三道題目重新做一遍嗎？」

「當然沒問題！」

他輕而易舉地把第三道題目重新做了一遍。

老師激動地說：「你不知道吧，這第三道題目是兩千多年的數學懸案啊！阿基米德沒能解決，牛頓也沒能解決，你真是天才啊！」

這個人便是「數學王子」——高斯。

不要低估自己的能力，我們會比自己認為的更優秀。不要輕易地動搖自己的信念，除非你自己最後證明自己的努力和堅持是錯誤的。

人生只有一次，活得光明磊落才最為可觀。是對的還是錯的，你都要有信念。

如果全世界的人都反對你，也請你不要徹底地否定自己。

02 當你成為唯一，無人可以代替

每天都在進步，
就會越來越完美。

世界上的一流大學，如哈佛大學、耶魯大學等，都注重培養學生的「唯一」特質。他們堅信，唯有如此，這個學生才能在將來有更好的立足之地，否則，就會因為共性太多，被淘汰出局。

就像大學畢業求職時，大家總會投上幾十份、幾百份的履歷，然後等上十天、半個月，甚至更長時間，然後幾個月之後才能順利上班。

在這段時間裡，有的單位會通知你面試，有的單位連面試的機會都不會給。而對於通知面試的單位，這個職位又會有很多人來面試。然後公司從幾十個人中挑選出他們最滿意的一員，往往到最後被選中的又不是我們。

為什麼要經過這些波折呢？因為你不是唯一。面試單位可以選擇你，也可以選擇其他人。選擇是雙向的。

試想想看，如果你有某方面的技能，別人都沒有，老闆就會把你捧在手心上，委以重任。我們要做不可替代的人，讓別人少了我們不行。

《美人製造》中，有一個叫賀蘭鈞的人，他可是女皇武則天身邊最紅的「美容聖手」，他能使那些相貌醜陋的女子變得貌美如花。因此，當時長得並不出眾的女子，都追捧賀蘭鈞，希望從醜小鴨變成白天鵝。

果然在賀蘭鈞的精湛醫術之下，那些女人們改頭換面，一個個變得眉如翠羽、肌如白雪、腰如束素、齒如編貝。女皇武則天也對他大加器重，賜給他賀蘭府，還有奴婢、小廝。他出入都有人鞍前馬後，他也在享受著不少人的嫉妒。

有一個叫裴雲天的人，他跪在賀蘭府門前請求賀蘭鈞收他為徒。一開始，賀蘭鈞並沒有被他的真誠所打動——他跪他的，只要不擋著道就行了。

但是後來，賀蘭鈞為了擺脫掉蘇蓮衣這個青樓女子，他叫來裴雲天，對他說：「如果你能讓那位女子從我眼前永遠消失，我就收你為徒。」

裴雲天便用計讓官府把蘇蓮衣關了起來。裴雲天也順理成章地成了賀蘭鈞的徒弟。拜師之後，裴雲天便露出了自己的野心，他偷偷潛入密室，發現師娘雪姬和管家偷情，就威脅他們，以方便自己偷藝。師娘雪姬只好幫助裴雲天學習丈夫賀蘭鈞的所有技藝。

後來，賀蘭鈞在吳家和沈家辦喜酒時被灌醉。此時正逢武則天召見賀蘭鈞。他的徒弟裴雲天順勢請纓，沒想到他不僅治好了女皇武則天的黑眼圈，還說了很多他師父的壞話。女皇武則天大怒，將賀蘭鈞貶為庶民，將裴雲天升為首席御醫。

一夜之間，賀蘭鈞就失去了所有，只好睡在大街上。

賀蘭鈞獨特的技藝被他人學了去，結果「青出於藍而勝於藍」，他被自己的徒弟所取代了，再加上他的徒弟是別有用心的人，賀蘭鈞只有獨自品嘗被替代的滋味了。

成為唯一，讓自己無可取代，可以試試以下途徑：

第一，不能人云亦云，需要走非同尋常之路。這樣才能有非同尋常的人生。

第二，不要抱怨自己的命運被安排了，相信自己可以左右自己的命運。這樣就可以督促自己做想做的事情。說不定在哪件事情上，你就成為獨一無二了呢。

第三，要努力把自己打磨得更加優秀。這樣每天都在進步，就會越來越完美。

第四，不能自滿。如果你自以為是，就有可能原地踏步，被別人所超越、被別人擠下去。

第五，不要透露自己的獨家絕技。《天龍八部》中，可以說各路英雄都有絕招，丐幫幫主喬峰會降龍十八掌，其他人都不會；慕容家族會斗轉星移，其他人都不會；段譽會淩波微步、一陽指，其他人都不會……人們一說到這些絕技，就會自然想到誰，對方無法取代。

第六，保持學習。可以再學一門絕招，以備急需。當某一天你原先的本領被別人學會時，你可以通過「第二絕招」翻身，給對方來一個措手不及。

唯一，才有可能讓我們不被取代。願我們成為「唯一」，讓別人缺少不了我們。

03

有主見讓你免於被左右

真正能掌控你的只有你自己。

有的人常常感覺到有一股無形的力量在操縱著他們——什麼是對的，什麼是錯的；哪些能做，哪些不能做，哪些如何做；必須每天做什麼，不能做什麼……

我們似乎很難決定自己的行為了，尤其是在步入社會之後。

比如在公司裡上班，掌控我們的人便是老闆。老闆會列出一條條員工守則，規定員工應該這樣做，不應該那樣做……當然，老闆可以不遵守那些「守則」，但是，一旦員工違背了就有可能被辭退。

於是，你習慣了老闆對你發號施令。只要是老闆讓你做的，無論你是否感興趣，都必須完成。

比如結婚後，掌控我們的人便是愛人。你的愛人也會對你有諸多要求，條條框框，如果不遵守，可能就會鬧不和。

王先生在市區工作，而他的妻子住在郊區。由於路程遠，王先生只有每週末回家陪妻子。如果某個週末他沒能回家，他一定要有一個正當的理由說服妻子。否則，下一次回家的時候，他的妻子就會讓他「跪洗衣板」了。

朋友都說，王先生是一個怕老婆的人，王先生卻不以為然地說：「她畢竟是我的妻子嘛，一個星期就順從她兩天，這忍一忍又何妨呢？」

其實，小時候我們渴望大人的自由，長大後卻發現大人並不像我們小時候想像的那樣沒有約束，長大後反而被規定了更多，我們要慢慢地習慣。

還比如法律、宗教、信仰……也會對你有諸多要求，掌控你和你的人生。歷史上，已經有很多人在這些方面上遭到了審判，如布魯諾[2]、貞德……他們當時被認為是「異端」而被燒死，而現在我們崇敬他們，因為他們是科學家、軍事家……

到底是誰在掌控著我們？其實，真正能掌控你的只有你自己。**事在人為，我們要掌控自己，成為自己的主人。**

伸開雙手，你會發現，命運線就在你的手中，當你緊握雙手的時候，命運便在你的掌控之中了。

有時候，不受約束的我們，就像是一棵不經修剪不足以長成參天大樹的樹苗一樣，我們要時常感謝那些約束力。

所以，我們不必怨天尤人，不必把我們的人生託付給任何人，**努力做自己的主人，會活出自我的本色，做一個有主見的人，才是我們最該掌控的。**

---

②布魯諾（Giordano Bruno，一五四八－一六〇〇年）文藝復興時期的義大利哲學家，因否認天主教信條（如三位一體、地獄永罪等），並持泛神論，於一六〇〇年被處火刑。

04

活著，就是要去過有意義的生活

做自己感興趣的事，
這會讓我們發揮最大的潛能。

夜闌人靜的時候，你是否會捫心自問：今生要努力成為什麼樣的人？

在我們還小的時候，我們曾有夢想，成為科學家、文學家、思想家、政治家……當時的我們自信滿滿，說將來一定會成為一個有所作為的人，貢獻社會。

老師也說，我們是國家的花朵，是人類的未來……

這些夢想，陪伴我們走了十幾年、二十幾年後，我們卻發現，夢想很豐滿，現實很骨感。

於是，我們的三觀[3]一次又一次被撞擊得支離破碎。漸漸的，我們沒有了夢想，每天安於朝九晚五的生活。

你願意這樣過一輩子嗎？

你一定會停頓一會兒，然後很無奈地說：「我也不想這樣啊！但改變不了……」

又或者你會說：「我不願來也匆匆，去也匆匆，人生要活得有意義才是。」

那麼，你是否在做有意義的事情呢？

電視劇《士兵突擊》中，有一個叫許三多的角色，他有一句經典臺詞：「要好好活，好好活就是做有意義的事，做有意義的事，就是好好活！」

當年，他的勵志故事也感動了很多人。我們要讓今生過得有意義，才不會渾渾噩噩地走完這一生。

那麼，什麼又是有意義的人呢？

哈佛大學的一位教授說：「第一，做自己喜歡的事；第二，不虛度時光；第三，家庭溫馨；第四，在社會上得到尊重。那麼，這個人就是有意義的人了。」

做自己感興趣的事，這會讓我們發揮最大的潛能。

我們不能遊手好閒，必須要珍惜每一分一秒。要知道，時光不重來，不要等到老大徒悲傷。

---

③ 指世界觀、人生觀、價值觀。

中國歷史上，唯一的一位女皇帝武則天，她的墓碑上沒有文字。一切是功是過，是是非非，均留待後人評說。

我們不願白來這一生，並不代表我們一定要刻意地把自己的名字載入歷史的卷冊。就像一些活著的人，功績並不是很大，卻提前為自己建造了一座很大的紀念館，更有甚者，自詡「前無古人，後無來者」……

江山代有人才出，我們要做到的是不白來這一生。

活著，就是要去過有意義的生活。

做自己感興趣的事

這會讓我們發揮最大的潛能

05

世界那麼大，勇敢做自己

改變不了世界，你可以改變你自己，
你可以主宰你自己的命運。

我曾羨慕那些一手遮天的人物，也曾希望能夠像他們那樣一呼百應。但在現實生活中，更多的人為了一日三餐忙得焦頭爛額，哪裡有閒暇時間故意讓萬眾矚目？現實很遺憾地告訴我們——世界並不會按照我們的想像來發展，無論缺少了誰，地球都照樣轉。

千百年來，不知出現了多少人物，他們有的是時代寵兒，有的是平凡百姓，有的改變了當時的社會，有的改變的只能是自己。

在茫茫宇宙之中，人類顯得很渺小。相對於世界來說，人類仍是微不足道的。孔夫子曾感歎地說：「逝者如斯夫！」人世間變幻之快，就像流水一樣不停地流逝，轉瞬之間就可能是千年萬載。

據美國商務部的調查報導，世界各國和地區中最長壽的人是日本人，平均壽命達七九・六六歲。但這不滿一百年的壽命，又如何能與地球四十六億年的年齡相比？

但就這樣聽天由命嗎？

其實，**改變不了世界，你可以改變你自己，你可以主宰你自己的命運。**那樣，你就不會產生太多的無奈，也就能坦然地面對一切。

我們接受這樣的世界，但不隨波逐流。如果你身邊的人沒有目的，你也跟著沒有目的；如果你身邊的人做壞事，你也跟著做壞事。那麼，你的人生就活得太失敗了。

即便我們不能主宰世界，想要改變世界能力也有限，那你一定要能掌控你自己。

翟俊丞小的時候，樂觀、善良，認為世界是美好的，他可以通過努力過上如意的生活。但是，他的爸爸是一個酒鬼，經常賭博，一不高興就打媽媽。

他的媽媽承受不了了，就拋棄了這個家庭。

從此，翟俊丞和爸爸單獨生活在一起。面對爸爸的消極狀態，翟俊丞耳濡目染。正所謂：有其父必有其子，漸漸的，翟俊丞變得不愛上學，經常和小夥伴們打架。到了大一點的時候，他更肆意妄為地出入一些不適合他年齡的場合。

步入社會後，他與地痞、流氓為伍，後來因搶劫被關進了監獄。

當初他那個健朗的爸爸如今已是滿頭白髮，他每次去看望兒子，都後悔自己當初誤導了他。

他的爸爸多年前就「改惡從善」了，但翟俊丞已經好久不聽爸爸的話了，翟俊丞好像踏上了一條不歸路。看到每次來探監的父親，他也很心痛，他在監獄裡深刻反省。

雖然現實世界可能沒有他想像的那麼美好，但這並不是他墮落的理由，他沒必要糟蹋自己。趁現在還年輕，說不定一切還可以重新開始。

於是，翟俊丞在離開監獄後，遠離了那些狐朋狗友，開了一家小店，並遇到了一位美麗的女孩，過上了安樂的日子。

如果，因為世界不會按照我們想像所發展，我們就墮落，那麼無疑是把自己推入死胡同中。

不管什麼時候，你都可以重新振作，因為你還是你自己的主人。只要你過好自己，何必管外面世界的紛紛擾擾？

世界不會按照我們想像的發展，但我們卻可以自制、自控，努力通過自己微小的力量，讓世界變得可愛一些。

如此，才能活出真我。

CHAPTER

4

會有一個人陪你度過灰暗的時光

如果有一個人願意和你相濡以沫，
甘願與你無論風風雨雨都共同去面對，
即使他不一定是最優秀的那個，
那又有什麼關係？

01 你所嚮往的天長地久，多半不會長久

如果你想要得到他對你長久的愛，最重要的，是自己要活出更好的自己。

我們都希望天下的人喜歡我們，把我們視為唯一的「男神」或「女神」，但事實往往並非如此。

為什麼很少有人對你死心塌地？一開始，他可能什麼事都聽你的，無論是對的還是錯的。總之，你讓他幹什麼，他就幹什麼，但時間久了，這個人就有可能變了。

七十多年前，上海有一個大戶人家，他們世代經商，家境非常闊綽，即便是在戰火紛飛的年代，他們也衣食無憂。

只可惜到了這一代，家裡沒有男丁，只有一個女兒叫張靜。這位女子長得一般，但知書達理。她的父親相中了一個叫李雅歌的男人。

李雅歌人高馬大，不僅工作勤快，還很會體貼人。張靜的父親便決定招贅李雅歌到

張家。從此，李雅歌對張靜更加關愛了，愛她勝過愛自己。

張靜的父親笑了，心想總算沒有選錯人。

多年之後，張靜的父親去世了。在家裡，除了張靜，就是李雅歌說了算。但此時，李雅歌卻對張靜的絮絮叨叨越來越不耐煩，之前也偶爾看張靜不順眼，但人在屋簷下哪能不低頭，他一直忍著沒作聲。

漸漸的，張靜由於勞累過度，病倒在床上。整天面對著這樣的一個妻子，李雅歌的脾氣越來越暴躁。

有時候，張靜半夜想喝水，又不方便喊下人，便對李雅歌說：「我渴了，你給我倒一杯水吧！」

李雅歌睏意正濃，不耐煩地說：「自己倒去，妳沒長腿嗎？」

張靜聽後淚水直流。她發現，李雅歌對她的話越來越置若罔聞了，而在這種情緒的影響之下，她的身體也每況愈下……

鄰居出於好心幾次幫助張靜請來貼身侍女，也都被李雅歌動怒給打跑了。

張靜實在受不了，就對李雅歌說：「我現在是一個病人，你不能可憐可憐我，忍一忍你那壞脾氣嗎？」

李雅歌卻說：「我已經忍妳很長時間了。一個大男人，哪有天天被女人管的道理！」

張靜聽後眼淚唰唰直流，想起婚前婚後李雅歌判若兩人的樣子，她想：他們永遠也回不到過去了。

有的人表面看上去軟玉溫純、言聽計從，實則都是在掩飾。我們看人不能看表象，要多瞭解，特別是在婚姻生活中。

如果你想要得到他對你長久的愛，除了不能苛求他寸步不離之外，還要懂得尊重他、成就他，學會駕馭他的方法。**最重要的，是自己要活出更好的自己**，以最優秀的一面，面對所有人。

這樣，即便其他人有想法，也會知難而退的。

給對方一個空間，也給自己一片迴旋的餘地，才是天長地久最好的距離。

02

愛情裡沒有最好，只有最合適

我們也不是最優秀的那個，所以，
或許「不完美戀人」才是最適合你的那個。

失戀，是很多人都要經歷的。

大多數人的失戀都發生在結婚前，當時可能耳鬢廝磨，發誓今生今世都要在一起。然而，現實跟不上變化，很多主客觀原因逐漸出現，如家庭反對、性格不合等，兩個即將步入婚姻殿堂的人，一個向左走，一個向右走，從此再也沒有重逢的機會。那時的我們還會認為：沒關係，還會遇到更好的。但後來呢？

可能自從和他分手之後，就再也沒遇見比他好的人了，但我們也不能破鏡重圓，註定會成為彼此人生中的過客。

在愛琳剛大學畢業的時候，她遇到了自己的「真命天子」劉瀟。那時候，劉瀟單純、善良，懂得照顧人。愛琳被他深深地吸引住了。

每逢週末的時候，他們都在一起逛街、遊玩，那時候的日子真好，笑容也最天真、最燦爛。

愛琳認為她今生註定要跟劉瀟結婚了。後來，愛琳和老闆鬧了矛盾，賭氣離開了。而此時的劉瀟，卻因為正在處理家庭方面的問題，而沒能第一時間來安慰她。愛琳認為劉瀟不像之前那麼愛她了，就故意不理劉瀟。

劉瀟主動找到愛琳，向她認錯。愛琳仍是一副高架子，愛答不理的樣子。劉瀟心想：我家裡出現問題的時候，妳不是也什麼都沒問嗎？現在我都硬著頭皮向妳承認錯誤了，妳卻不知道寬恕。況且是妳自己任性，才丟了工作的……看來，我要好好地思量一下，我們到底合不合適了……

漸漸的，劉瀟的電話少了。愛琳也沒過問，直到有一天，愛琳想找劉瀟，劉瀟竟然掛斷了她的電話，愛琳還不清楚發生了什麼。劉瀟便回簡訊說：「我們不可能在一起了，祝妳過得更好！」

愛琳很生氣，在簡訊裡大罵了劉瀟一通，最後說：「分手就分手，誰怕誰！還擔心我找不到比你更好的！」

可從此以後，愛琳就真的再也沒有遇到過比劉瀟更好的人。雖然她從別人那裡聽到劉瀟還關注著她，心裡還有她，但愛琳認為兩個人吵架，就應該男人先低頭。

可是愛琳遲遲沒能等到劉瀟的懺悔，直到她聽說劉瀟和別人結婚了，她才忍不住抱頭大哭。

或許，我們只有在得知自己真正失去的時候才會痛苦，在我們還有挽留餘地的時候無動於衷。

從此，那一段記憶只有回味。

是否我們失戀了之後，就永遠品嘗孤單、落寞的滋味了呢？要知道，**我們還會遇到其他人，終究是要開始接受新感情的。**

張祖文在失戀之後遲遲沒有再戀愛，朋友問他是什麼原因，他說：「寧缺毋濫。」他堅信，在世界的某一個角落，一定有一個人在等他。一旦他出現，他們就會擦出愛情的火花。朋友們都祝福他。

後來，張祖文果然找到了一個喜歡他的女孩，這個女孩比張祖文的前女友還優秀。朋友們都來道賀，對他說：「幸虧你當初一直堅持，要不然就有可能一直活在前女友的陰影中了。」

緣分妙不可言！能否遇到合適的人，是不可捉摸的。所以，我們更要珍惜眼前人，以免總在錯過中度過。

如果有一個人願意和你相濡以沫，甘願與你無論風風雨雨都共同去面對，即使他不一定是最優秀的那個，那又有什麼關係？

人不能總活在等待之中，等來等去，便等沒了結果。

我們對伴侶的選擇，只會越來越明確，要求越來越多，**我們也不是最優秀的那個，所以，或許「不完美戀人」才是最適合你的那個。**

如果此時身邊正有一個人和你志趣相投、彼此傾心，願意和你走完腳下的路，你還在等什麼！

03

做得了主，才享得了幸福

自己的選擇才是最好的。

長久以來，人們認為，兩個人結婚，必須得門當戶對。然而，細細地留心身邊，才發現門不當戶不對的還真不少。

難道這些人就不幸福嗎？未必！

我們往往看到一個女強人找了一個溫柔的男人，來增加自己的溫柔；大男人往往會找一個小女人，好讓自己去保護；那些身材嬌小的女人身邊，往往有一個身材高大魁梧的男子；而那些長相一般的男人，往往他的妻子如花似玉。

通常是那些不同年齡、不同身分的男女，更容易走到一起。

雖然在傳統觀念裡，門第對婚姻的影響根深蒂固，有時上升到兩個家族的矛盾，但愛情在於互補，並不在於門第的高低。

想那梁山伯與祝英台彼此傾心，梁山伯想提親，但被祝家的人以身分低微趕走。後來祝英台被父親許配給馬文才。梁山伯因此抑鬱過世。

祝英台出嫁時，路過梁山伯的墳墓。在祝英台祭拜梁山伯的時候，梁山伯的墳墓裂開，祝英台投身其中，和梁山伯化蝶離開了塵世。

雖是民間傳說，但此類有情人卻終無法成眷屬的故事比比皆是。「民間四大愛情傳說」之一的「牛郎織女」的愛情故事，更可謂是門不當戶不對的最好範例。

電視劇《還珠格格》中，五阿哥最終得知了小燕子的身分，可以說他們的身分有很大的差距，但他為什麼情願放棄有可能成為皇帝的機會，也要和小燕子到大理做一對平凡的夫妻呢？

這就是愛情，真愛是不在乎兩個人的身分如何的，不然，身分、地位再匹配的人，硬生生地把他們湊到一起，非讓他們結婚，他們也未必會幸福。

現代社會，都提倡自由戀愛，自己的選擇才是最好的。

有一個叫丁海濱的男子喜歡上了一個叫安伊珂的女子。丁海濱是一個富貴人家的公子，安伊珂只不過是一個貧窮的女孩。

丁海濱有萬貫家產等待著他來繼承，前程無量。

安伊珂卻有一個生病的父親，還有一個不聽話的弟弟，註定她這一生要承受著更多的苦難。

可就是這樣的兩個人，要無怨無悔地在一起。

丁海濱的父親為了拆散這對鴛鴦，派人好說歹說給了安伊珂一大筆錢，讓她帶著父親和弟弟有多遠走多遠。

有了這筆錢，她就可以治好父親的病了，還可以找一個差不多的婆家。如果繼續和丁海濱糾纏的話，她不僅會耽誤丁海濱的前程，丁海濱的父親還有可能會不擇手段地拆散他們……

與此同時，丁海濱的父親還為丁海濱撮合了一樁門當戶對的姻緣。很快，丁海濱迫於家族的壓力和這位有錢人的女兒定親了。

安伊珂痛定思痛，最終選擇了離開，從此杳無音訊。

丁海濱婚後會幸福嗎？當然不會！

他天天想著安伊珂，幾乎都要瘋了。而且更不幸的是丁海濱的妻子，她嫁給了一個不愛她的男人，整天生活在苦悶之中。

後來，雖然丁海濱的父親想盡力補救，但已經於事無補了。

丁海濱傻了……丁海濱的妻子只能守護在他身邊；安伊珂在他鄉也不如意，她的丈夫是一個酒鬼，多年之後，她在憤恨中離開了人世。

原本是一樁美滿姻緣，最終未成，卻害了三個人，最遭殃的便是丁海濱那無辜的妻子，是「門當戶對」害了他們。

在《西廂記》中，崔鶯鶯和張生的身分不同。一個是相國的女兒，一個是貧窮的書生。一開始，崔鶯鶯的母親極力地阻止，但後來張生考中了狀元，他們便走到了一起。

還有，西漢的司馬相如，他在遇到卓文君的時候，偏偏也是門不當戶不對的時候，但後來卓文君和司馬相如「私奔」了……這讓卓文君的父親——大富商卓王孫很生氣。司馬相如和卓文君情深意篤，最後卓王孫還是成全了他們。

也有不少人，在選擇另一半的時候，喜歡「高富帥」或者「白富美」，這是很自然的事情，人們都喜歡美好的事物，但最後能和自己走到一起的才是最重要的。

既然要在一起，就要接受對方的所有。

跟著自己的感覺走，請選擇一個相愛的人吧！

04

戀愛不順心，可能前任還在影響你

無論你曾經經歷的，是美好還是悲傷，
都要果斷拋棄過去戀人對你的影響。

有的人一次戀愛就覓得了心上人，相親相愛，最後一起步入了婚姻的禮堂；有的人可能戀愛了很多次，卻遲遲沒有遇到對的那個人，仍在尋找真愛的路途上癡癡前行。

很多人在上一次戀愛失敗後、下一次新感情開始時，都會對前任戀人念念不忘，往往習慣用上一任的標準，有意識無意識地衡量這一任的戀人。

於是，即便我們用上一次的經歷，來規避這一次感情可能出現的問題，但常常非但沒有收到很好的效果，有時還弄巧成拙，適得其反。不僅害了自己，還耽誤了另一段感情。

在尋找自己另一半的時候，每個人都期望可以吃到一顆甜葡萄。但是談一場失敗的戀愛，就像是吃下了一顆酸葡萄。

新的戀情開始，我們不想再失敗，於是把前任的缺點、問題和矛盾進行系統地歸納，甚至把一些特殊的愛好都摻雜進了下一段感情中。

這種做法看起來很合情理，但要知道，每個人都是不同的，因此，一段新的感情也是不同的，如果你過多地在新的戀人身上，去抹殺或者搜尋前任的影子，必定會給自己帶來一定的傷害，而且還會給自己留下嚴重的心理陰影，極有可能導致這段新感情的再次失敗。這樣一來，前任已經傷害你一次了，而你卻因為前任，再次害了自己。

楊雨馨是一個在大城市長大的女孩，不僅人長得漂亮，而且穿著時尚。大學畢業以後，她在一家有名的外商工作，是一位典型的年輕貌美的都市白領。按理說，這樣一個才貌雙全的女孩，應該在事業和愛情上順風順水，可是，楊雨馨今年已經二十九歲了，還沒有找到自己的如意郎君。

楊雨馨的初戀故事發生在六年前。男友沈強是她的大學同學，陽光帥氣。他們在一起，可謂是郎才女貌。

沈強有點大男子主義，做任何事總喜歡獨斷專行，從來不和自己的女朋友商議，更不考慮楊雨馨的想法。最讓楊雨馨受不了的是，沈強還有一個喜歡喝酒的壞習慣，常常和同學、朋友喝得酩酊大醉，然後打電話讓楊雨馨去接他。

有一次，楊雨馨來晚了，他竟然當著所有朋友的面，數落楊雨馨，一點也不尊重她。這件事讓楊雨馨很傷心，儘管她很愛沈強，但是她和他在一起太痛苦了。於是，他們就分手了。

工作後，楊雨馨遇到了失戀後的第一個追求者徐明。徐明是公司銷售部的主管，外貌俊朗，而且在公司的口碑也很不錯。如果楊雨馨能和他走到一起，那也是很不錯的。

面對徐明的真情表白，楊雨馨答應兩人可以先試著交往一段時間。在這段時間裡，他們相處得很不錯，性格也合得來，就在楊雨馨決定和他正式確定戀愛關係的時候，一通電話讓這段感情徹底結束了。

那次是徐明和其他部門的幾個同事在外面應酬，為了能夠簽下公司的訂單，徐明不得不陪著客戶喝酒。本來就不勝酒力的徐明一下子就喝醉了。

宴席結束後，同事們都回去了，但徐明實在醉得太厲害了，於是，他給楊雨馨打電話，希望她能開車接自己回去。

然而，徐明等了很久很久，都沒見楊雨馨前來。於是，他又打了一遍電話——電話已關機。

第二天，楊雨馨告訴徐明，他們兩個人就此結束了。徐明問她原因，楊雨馨告訴他：「我厭惡喝醉酒的男人，更不想找一個酒鬼老公過日子。」

其實，徐明並不經常喝酒，這次只是一個意外。可因為受前男友醉酒事件的影響，楊雨馨心裡對自己將來老公的要求是：一定不能有喝酒的壞習慣，特別是醉酒。因為醉酒給她帶來了太多的傷和痛，於是，她直接給徐明和她的愛情判了一個「死刑」。

這之後，楊雨馨又拒絕了好幾個追求者，要麼是長相不佳，要麼就是與前前男友有一樣的壞習慣——喝酒。

這樣一來，時間久了，沒有人願意再給楊雨馨介紹對象。即便是公司裡喜歡她的人，誰也不敢輕易去追求她——因為工作性質的關係，他們多多少少都會喝點酒。

從那以後，楊雨馨一直單身，形單影隻，看到身邊的朋友和同事陸續結婚，她也很痛苦，但因為第一任男友的關係，她一直放不下這個標準。

世界上不可能有兩片完全相同的樹葉。

故事中的楊雨馨就是因為被前任所耽誤，所以在愛情的路上一再失敗。如果她懂得**愛情其實也是一個改變別人，同時也改變自己的過程，那兩人就一定會在彼此相愛中得到進步。**

無論你曾經經歷的，是美好還是悲傷，都要果斷拋棄過去戀人對你的影響，只有這樣，你今後對幸福的選擇才不會被干擾，才能更好更快地遇到一生的幸福。

05

關注身邊對你好的那個人

不要為了追求不到的愛情而苦苦糾纏了，
仔細留意一下，或許身邊有個人正在默默地等你。

常常會聽到這樣的感慨：喜歡的人不出現，出現的人不喜歡。我們一直習慣在努力追尋屬於自己的那份感情路上奔跑著，往往會選擇親近自己感興趣的人，給他們買禮物，接他們上下班。

在吃飯的時候，我們會心甘情願地掏錢包，並關切地問他們：這道菜合你的胃口嗎？你喜歡吃什麼？在旅遊的時候，我們會故意靠在他們的身邊，而旁邊沉甸甸的背包裡，大部分裝的都是為他們準備的東西……

喜歡一個人的時候，我們常常忘記了所有，可這樣一味地付出，到最後換來的可能是他們的不領情。也許你會為此哭得驚天動地，不明白為什麼自己的感情這麼不順，為什麼上天偏偏要捉弄你。

但就在你傷心的時候，有一個人可能會比你更傷心，他已經在你身邊默默地喜歡你、愛你很多年了，只是因為遲遲沒有向你表白，而你不知道他喜歡你。

或許只有此時，你受傷的時候，他才會出現在你的身邊，如此溫柔地安慰你。

當某一天你不再傷心的時候，可能又會拋棄了這個喜歡你的人，而繼續苦苦地尋找你喜歡的那個人。

可能你受傷了無數次，你喜歡的人還是不喜歡你，而你不喜歡的人卻一直喜歡你。

我們往往更在乎我們喜歡的人，卻忽略了身邊對我們好的人。

孫曉晨不僅人長身而立，面如冠玉，還才思敏捷，尤其是他出生在富裕之家，很富有，稱得上謙謙君子，簡直是當下難得的高富帥。

他身邊總有一些女子向他擠眉弄眼，偏偏孫曉晨沒有留意這些「庸脂俗粉」，喜歡上了一個明星。只是那位女明星並沒有結婚的念頭，對他的示愛也愛答不理。

孫曉晨覺得自己可以感動那個女明星，於是大力地追求。後來，女明星受不了他的「騷擾」，挽起一個男士的手臂，來到孫曉晨面前說：「請你放尊重點，我已經有男朋友了，請你不要再聯繫我了。」

孫曉晨仍沒有灰心，他認為只要是在結婚之前，一切都還是未知數，他有可能勝過那個男人，最終贏得美人歸。

但後來，女明星的經紀公司開始出面，給孫曉晨打電話了：「請你不要再騷擾我們的藝人，不然法庭上見。」

孫曉晨一直想不明白，自己到底哪裡比那個男人差了，為什麼那個女明星偏偏不喜歡他？為此，他成天抑鬱寡歡。

他沒留意到的是，在他的公司裡，有一個叫申燕琳的女孩，已經暗戀他很久了。她會無怨無悔地為孫曉晨打掃辦公室，為孫曉晨買早餐。

申燕琳心裡很清楚，自己人長得一般，家境也一般，孫曉晨是不會看上她的。所以她一直以來，都只是在他身邊默默地付出。

孫曉晨這一次感情失利之後，好長時間都沒有走出痛苦的陰霾，加上家裡一直催促他結婚，他決定在情人節那天，選擇一個人來求婚。當這一天到來的時候，很多人都圍在公司內外，想看看孫曉晨的未婚妻會是誰。

誰知，隨著電梯門打開，伴隨著一陣歡呼、喝彩聲，孫曉晨徑直來到了申燕琳的面前，取出了戒指，單膝跪地說：「請嫁給我吧！」

公司裡的人都詫異驚呼，差距如此之大的兩個人怎麼會走到一起呢？面對眾人的不理解，孫曉晨解釋說：「一直以來，申燕琳對我的好，我都看在眼裡，記在心裡。只有她一人對我是真心的，我選擇的結婚對象，就是她，她最適合做我的妻子。」

人到最後，往往會選擇停留在他身邊，對他好的那個人，而放棄追求不到的那個人。這是很正常的事情，何必一廂情願、不珍惜眼前人呢？但很多時候，**我們都是在擁有的時候不珍惜，失去了才開始後悔。**

趁對方還沒有結婚，趕緊跑到她的身邊，對她大聲說出：「我愛妳！」她一定會激動地淚流滿面，牽起你的手，幸福地跑出別人的視線。

結婚典禮上，主婚人問新娘：「妳願意嫁給他——無論是順境或逆境，富裕或貧窮，健康或疾病，快樂或憂愁，妳都將毫無保留地愛他，對他忠誠直到永遠嗎？」

這時，會有一萬種念頭閃過腦海，我們才會發現，不容錯過的人便是身邊對你好的那個人。否則，和一個不喜歡你的人結婚，婚後你們也很難快樂。**不要為了追求不到的愛情而苦苦糾纏了，仔細留意一下，或許身邊有個人正在默默地等你**，只是你從來沒有和他嘗試相處，說不定你們才是最合適的那一對。

06

誰說孤獨的人是可恥的？

無論什麼樣的選擇，
只要不留下悔恨就行了。

小時候，我們常常一個人，身邊並沒有人長時間陪著。當時的我們無拘無束地享受著天真爛漫的童年。

漸漸的，我們長大了，沉浸在友情之中，盡情地在操場上歡笑，在草地裡嬉鬧，在教室裡相互請教，在放學的路上一起蹦蹦跳跳。

長大後我們時常懷念那些日子，只是當時還有很多事情是我們還不懂的，慢慢地，很多人就再也沒有機會見面了。我們的人際圈裡，老師越來越少，同學越來越少，取而代之的是新的朋友、陌生人、合作夥伴……

我們學會接受新人走進我們的視野，但我們卻很少再有當初那份閒情逸致陪伴著看電影、吃飯了，大部分時間都為了工作忙得焦頭爛額。

到了結婚的年齡，有的人手牽手步入了婚姻的殿堂，有的人卻一直單身，為什麼會落單呢？

如果一個人還單身，可能是他還沒遇到滿意的伴侶，而他又抱著「寧缺毋濫」的態度。也可能是，他不想結婚，滿足於目前單身的生活。

有那麼一類人，即使到了結婚年齡，也有異性在追求，但他還是會以自己「喜歡單身」為由，拒絕和對方在一起。

方堯三十多歲了，已經事業有成，很多女生在追求他，但方堯一直沒有結婚的打算，他對那些死纏爛打的女生說：「我不會喜歡妳們的，請妳們不要再打擾我的私生活。」在遇到自己喜歡的女生前，他有時也會搞曖昧，但最後還是拋下了一句：「我只是把妳當作普通朋友，妳就像我的妹妹一樣……」對方聽後心灰意冷地摔門而去。

有時，別人介紹不錯的女生給他，他卻不正眼看人家，弄得那個女生很尷尬，覺得很沒有面子，頭也不回地離開了他。

方堯滿足於自己的單身生活，他不想找女朋友，也不想要孩子。世上偏偏有這樣的一些人，他們是「不婚族」，他們喜歡單身，如果你非要讓他們結束單身的話，不自在的他們可能會將你怒而驅之。

當然，如果一個人落單，也有可能是因為他還沒有結婚的客觀條件。試想想看，現在結婚需要有房子、車子、現金，如果這個人窮困潦倒，又不主動的話，很少會有異性送上門的。

如果一個人落單，有可能是他曾經有著一個愛慕的對象，可落花有意流水無情，所以他心中一直藏著這個可想可念的人。就像安徒生一樣，喜歡上了一個演員，但那個演員並不喜歡他，以至於安徒生一直都記掛著她，終生未婚。

如果一個人落單，有可能是他最愛的人已經去世，他時時不能忘懷，不願放下那段感情。

如果一個人落單，也有可能是他身處無可奈何的環境之中，他也想幸福地結婚，只是現實不如意，總有更重要的事情和工作等著他去處理。他只好把結婚的念頭放在一邊。這樣，一放就可能是數年。他們也不著急，畢竟一輩子長著呢！不是有很多明星都是到四十多歲才結婚嗎，又有什麼好顧慮的呢？

如果一個人落單，可能是因為照顧著親人，忽略了自己的終身大事。這些人是有責任感的，當時機到來時，他們就會脫離單身。

一個人落單的原因有很多種，有心甘情願的，也有無可奈何的。但是，當你一旦遇到了命中註定的那個人，就不會落單了。

大部分人都是要步入婚姻殿堂的，擺脫一個人落單一輩子的孤苦和寂寥，即便他們有的是以隱婚、閃婚等方式。

無論什麼樣的選擇，只要不留下悔恨就行了。

07

幸福需要兩個人相匹配

只有互相合適、能夠匹配、價值觀相近才是王道。

有人說，婚後就不像婚前那樣無拘無束了，因為婚後有更多的顧慮和擔憂，不像婚前，兩個人吃飽喝足不用管家。婚後的兩個人，不僅要注重伴侶之間的相處，還要兼顧父母和孩子等。

有些人選擇要孩子，有些人選擇不要孩子，還有一些是想要孩子，卻不可得。

趙士偉和程玲結婚六年了，至今還是「無子女家庭」。有人問他們想不想要孩子。趙士偉說：「現在的家庭生活壓力很大，憑我和程玲目前的生活狀況，還無法給孩子更好的教育、生活條件，我們想過幾年再要孩子。這樣寶寶就會在相對比較優越的環境下長大，我和程玲也可以盡情地享受二人世界。」

當問到程玲的時候，程玲這樣說：「其實，我還是蠻喜歡小孩的，只是我周圍的同事在生了孩子之後，一個個變得體態臃腫，為了照顧孩子，每天都像保姆似的，完全沒有了之前的生活節奏，我有時候想想就覺得可怕……所以，我和老公商定了，等再過幾年這種恐慌症慢慢減退之後，我們再要一個健康的寶寶。」

幸福，不一定非要一家三口，現在越來越多這種兩個人的頂客家庭，只要雙方的觀念契合一致就好了。

在駱星和黃夢琴剛有兒子的時候，他們兩個人好像是抱在一起的並蒂蓮，相互體貼、理解、照顧的樣子真的讓人羨慕。

但幾年之後，黃夢琴為了有更多的時間照顧家人，成為家庭主婦，常常不修邊幅，給人印象有點邋遢，而此時駱星的事業扶搖直上，身邊總是不乏各色美女的環繞。漸漸的，駱星不願意再看黃夢琴一眼。

他開始每天很晚回家，有時候還藉故應酬不回家，即便回到家裡了，也是倒頭就睡。直到有一天，駱星帶了一個風姿妖嬈的女子回到家裡，對黃夢琴說：「咱們還是離婚吧，我已經另有所愛了。」

黃夢琴頓時怔在了那裡。

之後，黃夢琴和駱星為了離婚的問題爭執不休，但因為他們有了孩子，離婚的問題遲遲沒有得到妥善解決。可是，駱星想要娶新的「美人」啊，只好通過法庭……最後，兒子由駱星撫養。黃夢琴白白操勞了幾年，到最後什麼也沒有得到。

黃夢琴為此哭了很長時間，最後她痛定思痛，離開這個家後，一個人開始創業。

幾年後，黃夢琴已經是職場上叱吒風雲的女強人了。

這時候，前夫駱星找到她，要和她重婚。原來，駱星和新夫人的感情並不順利，新夫人已經厭倦了每日為柴米油鹽而苦惱的生活，她還想一直當她的「小公主」。

而且，新夫人和兒子不合，新夫人常威脅駱星說：「現在在你的面前有兩個選擇：一個是要他，一個是要我；有他就沒我，有我就沒他！」

每次得在新夫人和兒子之間做抉擇時，駱星的腦袋彷彿都要炸裂開了。這幾年，他也過得很累，這才悔悟，原來最適合自己的人是黃夢琴。

於是，他親自找到黃夢琴，向她「謝罪」。

黃夢琴說：「我們已經不可能了！我現在生活得很好，不想再回到過去，只做一個家庭主婦……」

有時候，戀人之間出現矛盾，有效的溝通是可以化解的，但是當婚姻中的兩個人出現原則性的問題，分開要比在一起更適合。而最讓雙方放不下的，是這場婚姻中愛情的結晶——孩子。能讓雙方還藕斷絲連的，是孩子；最不幸福、受傷最大的，也是孩子。

人人都羨慕齊佳峰有一個藝術家媽媽和一個在海外當大老闆的富爸爸，誰知，齊佳峰卻說：「我並不幸福，因為他們兩個人水火不容，我只能一段時間看爸爸，一段時間看媽媽，我多麼希望能和他們兩個同時在一起呀！我非常羨慕那些能常和爸爸媽媽在一起的同齡人。每當看到他們有爸爸媽媽的陪伴，縱使我有山珍海味、洋樓別墅，也覺得不幸福。」

所以，請不要輕易地說離婚，兩個人能走到一起不容易，我們要珍惜彼此在一起的緣分。

在婚前一定要謹慎地選擇結婚對象，選擇了對的人，其樂融融，一起歡笑；**只有互相合適、能夠匹配、價值觀相近才是王道。**

CHAPTER

5

希望，終將不會被辜負

被唾罵、被數落，
你千萬不要一頭栽進深溝裡從此再也爬不起來。
人生多幾次大起大落又何妨，
在那些落魄的境遇裡，你反而會有意外的收穫。

01

所有失去的，都將得到補償

在那些落魄的境遇裡，
你反而會有意外的收穫。

一旦我們和上層的意見不符或者得罪了上級，我們就有可能被「驅逐」，被「迫害」，被「貶為庶民」，被「發配到邊疆」……

被驅逐後的我們，身邊沒有了爾虞我詐，可以更好地享受平靜，就像古時候的人一樣，似乎回到了自力更生的年代。

在最艱苦的歲月過著「日出而作，日落而息」的生活，反而不會有太多的擔心，此時，你可以抽空做你感興趣的事，就像是給自己放了一個長假，投入大自然的懷抱——你可能第一次，或者說只有此時，才會感覺到春花秋月、清風彩霞離你那麼近。

回歸到自然，長時間享受這種「採菊東籬下，悠然見南山」的生活，你可能就不會再為五斗米而折腰了。人正是因為習慣了自在，才不願意殫精竭慮地過活。

試想想，曾經的我們可能叱吒風雲、坐擁一方，但盛世繁華終散場，最後不還是要回歸平淡的日子嘛。

當初屈原因為楚懷王不聽自己的忠言勸告被驅逐，但丁因為反抗教皇干涉內政、反對貴族階級把持政權被驅逐，終生不得回到自己的故鄉佛羅倫斯……但偏偏就是在他們被驅逐期間，屈原的代表作《離騷》橫空問世了，但丁最有價值的作品《神曲》應運而生……

古往今來，那些大有作為的人，無不曾被壓制過，但他們都能在這些磨難中激發出潛力，創造出千古不朽的功績。

有的時候，我們要學會接受這種被拋棄、被放逐。**無論你身邊的人對你怎樣，你懂得疼你自己就好了。**

當老闆無緣無故地讓你丟飯碗，當親朋好友都對你避之唯恐不及，當你居無定所，被唾罵、被數落，你千萬不要一頭栽進深溝裡從此再也爬不起來。

人生多幾次大起大落又何妨，**在那些落魄的境遇裡，你反而會有意外的收穫。**有失去就有獲得，被驅趕了，不一定是人生最灰暗的時刻，或許正是這些經歷，讓你更能夠看破沉浮，笑對人生。

02

哭過了，你要更強大

在我們哭過之後，要痛定思痛，
在哭泣中成長。

哭，是人類生理情緒最基礎的一種表達方式。

當我們痛苦或受委屈的時候，就會忍不住流出眼淚。在身邊有人的時候哭，別人有時會安慰我們幾句；在夜深人靜的時候一個人獨自流淚，便沒有誰能來撫慰我們受傷的心靈了。

窗外星星閃爍，月光柔和，淚水逐漸模糊了我們的視線，為什麼會有這麼多心緒難以排遣呢？

多數是因為我們內心的孤獨感受，當然，有時也來自別人的創傷，莫名的流淚。有一些人，只有在受到別人的傷害後，才會不爭氣地流眼淚；還有一些人，容易觸景生情，看到一些傷感的畫面就會流淚。

往往哭已經取代了我們大部分的感情，豪邁的笑已經越來越少了。

有時候，我們哭著哭著就笑了，那是破涕為笑；有時候，我們笑著笑著就哭了，那是喜極而泣。

每個人都曾和哭打過交道。人們總在感慨：快樂的日子少，寂寥的時候多。所以，哭，便那麼常見。

哭，往往顯示了一個人內心的脆弱。

女人哭，會得到別人的同情；男人哭，別人會說：「大男人哭什麼，像個男子漢嗎？」

於是，很多人便壓抑自己哭的感情，強忍著歡笑，可每個人都應該有哭的權利呀，只要哭過之後，你能變得強大，讓自己真正地無堅不摧。

李小崇出生在富裕之家，從小被爸爸媽媽寵愛著，沒有品嘗過人世間的冷暖。後來，他到另外一座城市工作，身邊沒有了爸爸媽媽的照顧，一切都讓他感覺到那麼的生疏。

在遭到老闆的責罵時，在遭到同事的排擠時，在和房東鬧不愉快時……李小崇便會一個人躲到無人角落裡痛苦地流淚。每次他往家裡打電話，爸爸媽媽都能聽出他哽咽的聲音。

媽媽說：「小崇啊，既然外面的日子不好過，你還是回來吧！」

但李小崇堅定地說：「沒有啊，我在外面過得很好。」

「可是，為什麼我感覺你情緒有些不對勁呢？」

李小崇強擠微笑說：「我好著呢，爸爸媽媽不用擔心了。」

媽媽說：「我們的小崇長大了，終於能讓爸爸媽媽放心了。」

李小崇說：「我會好好照顧自己的，你們也要好好照顧自己。」

放下電話後，李小崇又禁不住讓眼淚流了下來。他思索了很長時間，不能什麼事都讓爸爸媽媽操心了。

為了讓爸爸媽媽能夠真正的放心，李小崇讀了一些成功學的作品。他努力控制著，不讓眼淚流出，並多和別人交流，參加有意義的活動。漸漸的，李小崇發現自己又樂觀了起來。

不久後，還有女孩主動追求他。

春節的時候，李小崇和這個女朋友回到了家。李小崇的媽媽問她：「妳喜歡我們小崇哪一點呢？」

李小崇的女朋友說：「他是一個堅強可靠的人，能給我安全感。」

李小崇的爸爸媽媽都有點驚奇，但從李小崇的行為舉止上，他們發現李小崇的確內心變得強大了，不再會為了一點芝麻粒大的小事就眼淚唰唰地直流了。

我們只有變脆弱為強大，才能度過每一個風刀霜劍的日子，才能在無論是有別人陪，還是沒有別人陪的時候，都能泰然自若地走下去。

變強大，並不是讓我們壓抑情感。無論何時，我們都可以哭，但不要沒有來由，沒有時間，沒有節制地哭。尤其是**在我們哭過之後，要痛定思痛，在哭泣中成長。**

人來到世界上，發出的第一個聲音，就是哭的聲音。接下來，人會經歷喜怒哀樂、悲歡離合，都離不開哭，只有內心變得強大，才不會讓哭傷了身體。

我們也會在堅強之後，看淡一切，從容不迫地面對一切。

03

最後的成功當然來得遲

堅持到最後一刻，
它會讓你之前的所有失敗都成為基石。

一百多年前，有一個人物，他二十二歲時經商失敗了，二十三歲時競選州議員失敗了，二十五歲時經商又失敗了，二十六歲時他的戀人去世了，二十九歲時競選州長失敗了，三十四歲時爭取國會提名失敗了，三十九歲時他競選議員又失敗了，四十六歲時他競選參議員又一次失敗了，四十七歲時他競選副總統失敗了，四十九歲時競選參議員失敗了……

看到這裡，我們可能會想，他的一生註定要在一直失敗中度過了，他就是一個失敗者。但在他五十一歲時，他競選總統成功了！他就是美國政治家、思想家、美國第十六任總統亞伯拉罕．林肯，時至今日，他依然受全世界人尊重與敬仰。

如果在五十一歲之前，林肯打了退堂鼓的話——當時有很多人嘲笑他：「傻瓜，你註定一輩子是個失敗者！」——他就永遠不會是一個成功者了。

人的成功，往往就在你馬上要放棄的那一次。這也是對「十年寒窗無人問，一舉成名天下知」的最好詮釋。

如果一個人厲兵秣馬幾十年，到最後還是失敗的話，歷史肯定會嘲笑他：「早知如此，何必當初！」

但越是努力堅持到最後一刻的人，往往都會成功。

越王勾踐在被吳王夫差俘虜之後，他就發誓，回去之後一定要報仇雪恨。後來他有幸回到越國，「十年生聚，而十年教訓」，終於大敗吳軍，一洗當年國恥。

堅持到最後一刻，便是成功來臨的時刻，它會讓你之前的所有失敗都成為基石。現實就這麼絕妙，這最後一次的成功，會成就你的一生。

目前的失敗只是暫時的，抓住最後一次機會成功，才是最可觀的。

一天，老師拿了兩份名單，問班裡的學生是否熟悉名單裡的人物。

第一份名單是：林召堂、劉福姚、傅以漸、陳沆、劉子壯、劉春霖、王式丹、畢沅、王雲錦；第二份名單是：李漁、金聖歎、蒲松齡、黃宗羲、洪昇、顧炎武、吳敬梓、洪秀全。

結果，絕大多數的同學都不知道第一份名單中的人物，而只有極少數的同學不知道第二份名單中的人物。

調查後，老師說：「為什麼第一份名單裡的人物在當時比較顯赫，上至皇帝、下至平民無人不知，而現在的我們卻不知道他們？第二份名單裡的人物曾經孤苦寂寞，在世默默無聞，而我們卻對他們的名字耳熟能詳？」

時間是最好的證明。

如果現在的你，一直在經歷失敗的話，請相信你一定會成功。**即便失敗了一百次也並不可怕，可怕的是你放棄了第一百零一次嘗試成功的機會。**

堅持到最後一刻
便是成功來臨的時刻
它會讓你之前的所有失敗
都成為基石

04

慶幸還有機會重新來過

面對一切成空，只要我們不放棄自己，
重新來過，就還會有「復生」的機會。

人們都想一直擁有，但某一天這些曾經擁有的東西都不見了，你會如何呢？是從此消極、頹廢下去，還是重新來過？

一切成空，重新來過又如何，只不過是上天對自己的又一次磨煉罷了。未來還有很長的路要走，不要被眼前的一無所有打得再也爬不起來。

重新來過，會讓我們看到更美好的將來。

遇見新的人和新的事，並坦然地接受。學會明白，總有一些事物會與我們擦肩而過，總有一些事物會長久地伴留在我們身邊。

對於那些失去的，我們要學會放下，至於還能擁有什麼——起碼我們還有雙手、頭腦。一開始，我們也是靠雙手、頭腦崛起的。

王連生因為一次生意上的失敗，變得一無所有，現在，他的房子也要被沒收了。王連生站在陽臺上，想就此一跳，結束自己的生命，但看到窗外，草木映著花紅，一群孩子正在歡快地嬉戲，還有流水叮咚，小鳥兒嘰喳，他忽然覺得自己生活的人世間是充滿了生機的。王連生在陽臺上想明白了一切，決心重新來過。

於是，他重整旗鼓，多年後，王連生的生意又火紅了起來。

面對一切成空，只要我們不放棄自己，重新來過，就還會有「復生」的機會。

該來的總會來，失去的再強求也沒有用。無論何種情況，一切成空是我們預想不到的。這時候，哭也是沒用的。除了一切重來。

我們要有陽光的心態，心態陽光，一切就會向好的方向發展。

杜鵬剛結婚一年，有一個儀態不凡、氣質高雅的妻子。妻子已經懷孕八個月了，眼看他就要當爸爸了，這時候，他的合作夥伴卻捲款逃走，他頓時一無所有。

妻子安慰他：「一切都可以重新再來。」

偏偏禍端接踵而至，妻子去買菜的馬路上，一不留神，被一輛超速的貨車撞倒了。妻子被送往了醫院，還是搶救不及，杜鵬還沒有來得及見妻子最後一面，妻子就永遠地離開了這個人世。

可以說，這一次杜鵬是真的一無所有了。

他想到了自殺，但又想起了妻子曾經安慰他的話：「一切都可以重新再來。」

杜鵬拿到了肇事者的賠償，賣掉令他觸景傷情的房子，去了另一座城市。臨走之前，他在妻子的墓前說：「每逢妳遇難的日子，我都會回來看望你們母子的。從今天起，我就要去其他城市了，一切重新再來。」說完，杜鵬離開了陵園。

之後每年妻子的遇難日，杜鵬都會來祭拜妻子。漸漸的，他重新振作起來，也有了新的家庭，他沒有忘記妻子，沒有忘記妻子的話，每年都回來這裡祭拜。

誰都不想一切成空，但萬一不幸遇到了，千萬不要走上絕路。重新來過，只要你肯重新開始，一切都還有轉變的機會。

心態陽光，會讓我們以積極的心態看待一切都成了空；心態陽光，會讓一切有一個溫暖的開始。

重新來過，心態陽光，便是我們在一切成空後的明智選擇。

05 不要把失敗當成結局

只要我們勇於在被淘汰、失敗後奮發圖強，就會有轉敗為勝的機會。

很多人都想爭第一，但第一名只有一個。

你是否甘願做綠葉？因為只有綠葉才能襯托出紅花的光彩奪目，在結局未定之前，我們一定都在堅持著想當紅花的念頭，直到最終不得不面對現實，成為綠葉。

被淘汰，沒有拿到第一，並不意味著失敗。在你是第一的時候，難免處處被別人關注，所以步步都要小心，稍不留神，就會出一點差錯。而位居第二、第三時，則可以修身養性，留有餘地，後來者居上。

愛新覺羅．胤禛是康熙皇帝的第四子，康熙帝曾把他的二兒子胤礽立為皇太子。後來，康熙的兒子們都長大成人了，很多人都眼紅皇太子的這個位子，為此明爭暗鬥。

後來，太子胤礽觸怒康熙帝，被康熙帝廢黜，皇子之間的鬥爭愈演愈烈，人人都認為有機可乘，各施技倆。
康熙帝被他們弄得腦袋都要炸裂。
只有他的第四個兒子胤禛在諸皇子爭奪皇位的過程中表現得很淡定。他關切胤礽，仗義執言，疏通康熙帝和廢太子的感情。對於其他兄弟，胤禛照樣在康熙帝面前說他們的好話，或在需要時給予支援。
後來，康熙帝經過慎重考慮，把皇位傳給了胤禛。胤禛脫穎而出，成了皇帝，他就是後來的雍正帝。
位居其下時，不顯示出自己能對別人構成威脅，不給人防範之心，時刻以低姿態處世，這樣，才有後來的大展宏圖。
每個人都不想被淘汰，但淘汰也是一種人生經歷，你要看得開。「勝敗乃兵家常事」，因為一次失敗而一蹶不振是極為不明智的。
我們要接受這種考驗，找出到底是什麼原因才失敗、才被淘汰。就像威靈頓將軍，他的軍隊曾被拿破崙的軍隊打得落花流水。但當他失意時，看到山洞的洞口處，有一隻蜘蛛在織網，雖然風吹雨打不停地破壞結好的網，但蜘蛛還是執著地堅持到底。終於，雨停了，網也織好了。
威靈頓將軍深受啟發，他回去後重整軍隊，終於在滑鐵盧戰役中打敗了不可一世的拿破崙。

輸贏只是暫時的。

只要我們勇於在被淘汰、失敗後奮發圖強，就會有轉敗為勝的機會。更好地審視淘汰和失敗，不惶餒，不驚慌，不自暴自棄，這樣，才能再一次爬起來，才會成為最終的贏家，走得更遠。

06

希望，終將不會被辜負

在困頓之中，我們要多想想美好的事情，說不定就真的會有奇跡出現。

人們都認為，樹木一旦枯萎了，就不會再開花。但有些枯樹往往會在之後的某一年，在它枯萎的某一處生長出很多嫩芽，又會看到它抽枝、開花、結果……重生。

為什麼會有新生？原來**一棵樹雖然在地面上是「死掉」了，但如果它的根還沒有壞掉，那就會「復活」**。

樹根不死，才會有希望！

唐朝時，有一位考生與母親別離，去京城長安趕考，誰曾想，這一去他就再也沒有回來。鄰居都說，這位考生高中了，娶了位富家的千金，拋棄了老母親。

他的老母親聽後很失望，但迫於生計，她只能艱難地活著，希求兒子能夠早一點回來團圓。

可正如鄰里所言，這位老母親盼得頭髮都變白了，她的兒子也沒回來。

一位鄰里平時和她關係不錯，一直毫無怨言地照顧她。這位鄰里和她說：「妳的兒子已經不要妳了，不要再對他存有奢望了。」

可是，這位老母親淚眼潸然地說：「我不認為兒子會拋棄我，我可是他的親娘啊！」

鄰里說：「聽說富家千金都愛慕虛榮，她要是知道有妳這麼一個貧困的婆婆，她一定會給你兒子難堪，和他鬧離婚的。到時候，你兒子在京城失去了靠山，日後會步履維艱啊！」

「我兒子不回來接我一定是有其他的難處。」這位老母親揣測著，卻依然不見她的兒子回來。

這位老母親因為思慮過多，病倒在床上。她幾天茶水不思、粥飯不進，鄰里們都認為她沒有希望活下去了。

忽然有一天，這位老母親坐了起來，她淚流滿面地說：「我昨夜夢見家裡東牆角的枯樹開花了，我想我的兒子應該快要回來了。我必須養好身體，要不我的兒子會傷心的。」

細心的鄰里去東牆角查看了一番，果然發現在積雪之下，露出了幾簇絢麗的花枝。村裡人都說這是奇跡，老母親的身體也漸漸好轉起來。

到了第二年春天，她的兒子果然回來了。她的兒子已經休掉了那位「勢利眼」的妻子，請辭回到家鄉做一個小縣官，在接下來的日子裡好好地盡孝道。

枯樹開花、喜鵲報喜……很多時候，我們只認為這是一種遐想，只不過是在神話中出現而實際不存在的想像，但事實總會有出人意料的一天。

歷史上有很多人把別人認為的「不可能」變成了「可能」，就看你有沒有等到那個時機了。

希望你在沒有生機的時候，也會像「枯木逢春」一樣「重生」。**在困頓之中，我們要多想想美好的事情，說不定就真的會有奇跡出現。**

07

這個世界總會為你保留一份驚喜

給別人的驚喜足夠了，
別人也會回饋給我們驚喜的。

我們希望每天都有驚喜，但大多數時候，我們的生活更趨於索然乏味。每天做著同樣的事情：起床、上班、回家休息，並沒有多麼豐富多彩，我們應當學會給平淡的生活添點驚喜。

誰會給我們帶來驚喜呢？尤其是我們一個人在外的時候。

一個人去逛街，一個人去郊遊，一個人去吃飯，一個人去書店……大街上，小道上，總會有我們孤單的身影。即便身邊的人那麼多，卻都是和我們擦肩而過的過客，我們彼此不認識，也沒有必要打招呼。

看來，我們的生活就是這樣子的沒有半點的驚奇，尤其是在節日的時候。

崔付建的性格非常內向，可以說除了同事，他幾乎沒有其他認識的人。他整天一個人上下班，週末的時候就待在屋子裡。

後來，他辭職了，一連幾個月都沒有再工作，和原來那些同事也斷了聯繫。國慶假期期間，到處洋溢著歡聲笑語，崔付建出門看到很多人三五成群，結伴而行，他突然就釋懷了，一點兒也不羨慕他們。他覺得自己現在一個人活得很好，仍像平常的日子一樣走出去。

很多人已經慢慢習慣了一個人的日子，如果非讓他們和其他人一起行動，他們反而會覺得不自在。這些人也由於被認為「不合群」而被孤立。他們內心並不是十分淒苦的，因為他們早已習慣了這種生活。

驚喜於他們來說，就顯得沒有那麼重要了，誰會給你帶來驚喜呢？

鄧東文在外地上大學，他是一個獨立要強的好孩子。

近期他的爸爸媽媽都出國了，走之前他們給鄧東文留下了一定的生活費，讓他春節期間和同學在學校裡好好地聚一聚。

可到了春節，同學們都陸續地回家了，只留下他一個人在大學宿舍裡。

連保安也勸他說：「大年三十的，一個人多孤單啊！要不去我家吧。」

鄧東文婉拒說：「不用了，謝謝你！」然後，一個人回到了宿舍。看著冷清清的寢室，他給爸爸媽媽打了一通電話，說他現在正在一個朋友家裡過年呢，讓爸爸媽媽不用掛念。

遠隔重洋的爸爸媽媽聽了，高興地笑了，也放心了。

掛了電話，鄧東文一個人體會著自己內心深處的孤單。他看看窗外，煙花劈里啪啦地升起，到處都是語笑喧闐，他覺得這個春節，自己孤苦無比，於是打開電腦，準備上網看聯歡晚會。

這時候，鄧東文聽到「咚咚咚」的敲門聲，他心裡一怔，誰會在除夕之夜來宿舍呢？難道是保全大哥？不過，他剛才還說過要回家過年。

鄧東文左思右想都想不出來，他只好問道：「是誰啊？」

沒有人回答，接著又「咚咚咚」地響起敲門聲，鄧東文嚇壞了，不會是打劫盜竊的吧？樓下宿舍樓的大門早就鎖上了，小偷或盜匪很難進來的，到底是誰呢？莫非是遇到鬼了？

鄧東文心裡七上八下，猜著各種結局。隨後他穩穩心神，理了理思路，屏住呼吸，大膽地把門打開了。忽然間香檳酒噴了出來，接著又有彩帶，然後是大家又說又笑的歡樂聲和掌聲。

鄧東文懸著的心終於放下了，原來是本地的同學想給他一個驚喜，特地聚起來陪他一起過年。

鄧東文很不好意思，在那裡有些不知所措，同學們拉起他的手，把新年禮物遞給他，陪著他有說有笑。

他們一起吃晚飯，看聯歡晚會，度過了一個難忘的除夕夜晚！

後來，鄧東文每每想起此事，他都會不自覺地流下眼淚，那是激動、感激的淚水。

每個人的內心都是渴望驚喜的，尤其是一個人獨處的時候。我們要學會給那些孤單的人驚喜，不需要鋪張浪費，不需要別出心裁，只要去做，就好了。

我們可以做別人的開心果，給別人的驚喜足夠了，別人也會回饋給我們驚喜的。

每個人都會為這一份驚喜倍受鼓舞的。如果生活中處處充盈著驚喜，你就不會覺得單調。驚喜能照亮灰暗的心，驚喜會讓人們活在幸運之中。

CHAPTER

6

聽說你還在糾結一種叫作運氣的東西

無論是好運，還是霉運，
我們都要調整好自己的心態，
這就如同不同的人生道路充滿不同的
起伏、冒險。

01 聽說你還在糾結一種叫作運氣的東西

只有經歷了起起伏伏，
你的人生才會精彩。

我們都希望一帆風順、好運連連，但在前進的道路上怎麼會風平浪靜呢？

如果你一直走得很安穩，那麼你的人生就如平坦的大路，一眼望到頭，沒有什麼可盼的了。

如果你前進的路起起伏伏，有時你會看到路邊的小草、鮮花，有時你會聽到腳邊的泉水叮咚，有時你會看到飛鳥圍繞在你的頭上，有時你會在一個轉彎處邂逅「柳暗花明又一村」，有時你還可能走過泥濘的小路、曲徑的幽處、筆直的大道、羊腸的小徑……這些都會成為激發你冒險前進的動力。

只有經歷了起起伏伏，你的人生才會精彩。

很多人羨慕那些富二代、星二代、官二代……但你沒有看到的是，他們的路興許一早就被設計好了，他們可能只會去做別人擺布的木偶。

他們衣來伸手、飯來張口的生活固然愜意，令人豔羨，但當某一天他們的父母不能再照顧他們的時候，他們又該如何生存呢？**此時縱有家財萬貫，也比不上之前經歷過很多磨難帶給他們的成長。**

古時候有一個地主，可稱得上富甲一方，家中只有一個兒子，所以他把他的兒子視為珍寶，從小活在錦衣玉食之中，捧在手上怕掉了，含在嘴裡怕化了。

年齡漸長，他的姊姊、妹妹相繼出嫁，地主卻遲遲沒有給他的唯一兒子找到滿意的媳婦。直到地主病危的那一刻，他把兒子叫到床前說：「家裡有你一生花不盡的錢財，一生用不完的綾羅綢緞，在我去世之後，你要找一個賢妻，來共同打理家業。」

兒子滿口答應了，不久，地主便含淚離開了這個世界。

誰知，兒子並沒有聽父親的話，用心去找一個賢慧、知書達理的妻子，而是把錢財都花費在了其他不正當的場合。

幾年之後，他的家產就被他揮霍一空了，他又不好意思去姊姊、妹妹那裡接受救濟，很快，便淪為了乞丐，淪落到了風餐露宿的境地。

你能說他沒有運氣嗎？那為什麼偏偏他出生在富貴之家？你能說他很走運嗎？那為什麼那麼多家財都被他坐吃山空？

任何事物都具有兩面性，所謂運氣，是在一定條件下可以轉化的。無論是好運氣，還是霉運，我們都要調整好自己的心態，超越時間和空間去觀察問題，要考慮到事物可能出現的極端變化。如此，才有足夠強的心理承受能力。這就如同不同的人生道路充滿不同的起伏、冒險。

事物不是一成不變的，沒有波折的人生，就如同水平如鏡的湖面，不知何時，就會有一粒名叫「運氣」的石子擊入，激起陣陣漣漪，給人無限遐想。

02

生活沒你想像的那麼壞

心往好處想，即便眼前烏雲壓頂，
積極的心態也會為你驅除陰霾。

同樣是一件事情，如果我們看到的是陰暗的一面，難免會抑鬱寡歡，如果看到的是美好的一面，心情則會豁然開朗。就好像陰天的時候，我們會感到心情壓抑，而萬里晴空時，則頓時豁然開朗。

楚宮皓和趙芳瓊是情侶，他們在上海工作，可是楚宮皓經常出差，留下趙芳瓊一個人待在上海，倍感寂寥。當她看到別的情侶耳鬢廝磨、親密無間的樣子，就感慨自己的愛情不易。

後來，趙芳瓊覺得楚宮皓經常不在自己身邊，自己的大好青春年華都被耽誤了，於是，思來想去，她覺得自己應該重新開始一段新的感情。她就打電話對楚宮皓說，如果他不能時刻陪在她身邊，就和他分手。

楚宮皓焦急地規勸趙芳瓊說，他也想時刻陪在她身邊，但那就不能好好工作了。趙芳瓊讓他換一個不用出差的工作，楚宮皓說，他喜歡現在的這份工作，也享受經常到外面談業務、提升自己的過程。

就這樣，楚宮皓和趙芳瓊話不投機，開始了「冷戰」。

為了化解他們之間的矛盾，楚宮皓請來了好友王雪來調節。王雪對趙芳瓊說：「妳不能只看到他不好的一面啊，他在外面辛辛苦苦地掙錢，都是為了你們共同的將來啊！想想看，如果一個男人時時刻刻陪伴在妳身邊，沒有能力跑業務，那妳會不會覺得他是一個窩囊廢？」

趙芳瓊說：「可是，他也不能總出差呀，那樣的話，我和他談戀愛還有什麼用？我還不如找一個明星照片整天看著好了……」

王雪說：「雖然他不能時常在妳身邊，但是距離產生美，他做的一切，都是想讓妳過上更好的生活。再說了，我的男朋友不光長得不好看，賺得也少，還不如楚宮皓呢！」

聽王雪這麼一說，趙芳瓊心裡就平衡多了。她想了想，覺得也是，起碼楚宮皓不僅能賺錢，還知道疼她。原來，自己比很多人都幸運。

心往積極的一面去想，自然就釋懷了。否則，一直糾纏不好的一面，只會讓自己越陷越深。

李雨峰是一個年輕的經銷商，他春天時批發了一些食品，放在店裡幾個月了，一直沒賣出去。

李雨峰決定向廠商退貨。

廠商不但沒有不高興，反而微笑著對李雨峰說：「我們那些食品春天不好賣，只有到了秋天，天氣開始轉涼的時候，人們才會想到它，用它來滋補身體。」

李雨峰說：「我現在放在店裡也沒有用，反而占地方，還占著我的周轉資金。」

廠商說：「那些食品有一年的保質期。你現在把它們存下來，說不定秋天就會大賣了。」

廠商又給李雨峰講了一些好處，李雨峰被說動了，決定把那些食品儲存下來，到了秋天，由於顧客急需這種食品，李雨峰賺到了很多錢，盈利豐厚。

雖然很多時候，**「心想事成」難以實現，但有了目標和追求，努力去實踐，即便結果並不理想，也不會留有遺憾。**

凡事，心往好處想，才有可能有好的結局；心往好處想，才會看到明朗的未來；心往好處想，即便眼前烏雲壓頂，積極的心態也會為你驅除陰霾，守得雲開，讓陽光溫柔地灑進來。

03

樂觀將會拯救貧困中的人

只有經歷過貧困的人才最懂得珍惜，
才能品嘗到最後辛苦得來的甜美。

沒有一個人願意過貧困的日子，所謂「人窮志短」；很多人想過富裕的生活，只是，大部分人卻還是過著貧困的日子。

有一對新婚的夫婦，結婚時還是很幸福的。但婚後不久，妻子就開始嫌棄丈夫家裡窮，丈夫的工資低……她很後悔為什麼自己當初選擇了他。

妻子不知道是否還有回頭路，每每看到別人住的、吃的都比自己好，她就開始數落丈夫。

為此，丈夫也很不開心。丈夫也在外面努力打拚，但好像都起不到作用。

妻子變得更不淡定了，她對丈夫說：「為什麼我們要受窮，為什麼我們不能成為富人？你看到那些富人了嗎？他們過得多麼好啊！」

妻子天天抱怨，讓丈夫的心也很難受。

一天，丈夫對妻子說：「我帶妳到郊外去旅遊吧！」

妻子冷不防地說：「過得這麼不好，還有心情去旅遊？」但妻子還是坐上了丈夫的自行車。

騎在馬路上，看到那些飛馳往來的高級轎車，妻子非常羨慕，她又開始嘮叨著。

丈夫一直沒有說話，把妻子帶到郊區——一片富人居住的地方。這裡的環境好極了，還有錯落有致的別墅。妻子對天長歎：「天啊，他們真的是過得太好了，我這一輩子什麼時候才能住在這裡啊？」

這時候，丈夫用手指著不遠處一個老態龍鍾的老太太說：「看到她了嗎？她就是那棟房子的主人。」

「天啊，她擁有一棟別墅啊！我也希望像她那樣！」

丈夫說：「那好，如果現在讓妳變得像她一樣頭髮花白、牙齒脫落、皮膚蒼老、行動不便，而讓她變成像妳這出水芙蓉的樣子，她給妳的交換條件就是把那棟房子給妳，妳願意嗎？」

妻子不假思索地說：「我才不願意成為她那樣子呢！」

丈夫說：「如果把妳的手卸掉，給妳一百萬，妳願意嗎？」

妻子說：「不願意！」

「如果把妳的手臂卸掉，給妳二百萬，妳願意嗎？」

「不願意！」

「很好，妳身上起碼還有幾十萬的資產，還有青春美貌……妳還需要什麼呢？」

妻子啞口無言了。

回到家後，妻子細想，自己應該珍惜眼前的幸福——有疼自己的老公，雖然每天過得貧困但滿足，還有什麼可希求的呢？

有時，我們需要一種滿足感，這才不會讓我們活在可望而不可及的苦惱之中。誰說貧困一定是最悲哀的，我們可以在貧困中享受快樂。餓了有吃的，睏了有睡的，還有家人、朋友，我們還要苛求什麼呢？

貧困只是上蒼對我們的一種磨礪，越貧困的人往往成就越大。

王支軍最近和一家海外公司合作，賺了幾千萬，媒體都在積極採訪他。

有一個記者問道：「王先生，您這次成功最想感謝的是誰？」

王支軍說：「這次成功，我要感謝很多人，但我最想感謝的，不是人……」

媒體頓時目瞪口呆，怔在了那裡。

王支軍微笑著說：「我這次最感謝的，不是人，而是貧困！」

媒體還是沒能馬上明白到底是怎麼回事。緊接著那個記者繼續問道：「王先生，我們不明白，像您這麼一個大老闆，並不缺錢，為什麼最想感謝的是貧困呢？」王支軍說：「在我小的時候，我的確很窮。那時我就希望將來能夠有機會走出來，闖蕩一番事業。後來，我真的來到了大城市。因為窮的原因，我曾幾次被房東趕出來過，流落街頭。那時候，我吃不好，睡不好，真不知道明天該在哪裡。我下定決心，一定要改變現在的命運，掌握自己的命運……正是這些窮困歷練了我，讓我在之後的人生道路上，勇敢面對風雨、坎坷。所以，我才會慢慢做大，取得今日的成就。是貧困造就了我！謝謝，貧困！」

在場的人聽了，頓時爆發出雷鳴般的掌聲。

只有經歷過貧困的人才最懂得珍惜，才能品嘗到最後辛苦得來的甜美。

我們感激貧困，貧困激勵我們的鬥志，是我們不可或缺的一筆財富。只有樂觀面對貧困，才會迎來美好的人生，遇見幸福。

04

如何不後悔地過一生？

我們所能做的，
只有接受當下，迎接將來。

每個人都曾有過後悔的時候，世上賣什麼藥的都有，就是沒有賣後悔藥的。後悔時，我們懊惱，希望可以重來，那樣我們就不會犯類似的錯誤了，但有些事情發生了，便再也無法挽回，**我們所能做的，只有接受當下，迎接將來。**

或許你後悔出生在一個貧窮之家，讓你前進的道路布滿了坎坷；或許你後悔沒有機會讓你翻身，但機會總是偏愛有準備的人……

或許你最後悔的是錯過了生命中最愛的那個人，但既然已經錯過，還有挽留的餘地嗎？如果沒有挽回的可能，就放下吧，這會讓你的人格提升。

或許你會後悔有很多事情還沒有做，現在被逼著為生計忙碌，但時間就像海綿裡的水，擠一擠還是有的。

楊宏達一直想要去西雙版納旅遊，但上學期間，他一直需要半工半讀，根本沒有時間和資金支援他去遊玩。

他想，以後工作了一定要好好賺錢，那樣就可以瀟灑地去「彩雲之南」玩了。然而等他步入社會之後，為了賺錢，他生活得很疲憊，而且公司沒有假期……楊宏達只好又忍了忍。

後來，由於一次專案的成功，楊宏達得到了三萬元人民幣（內文幣值相同）的獎金，他終於可以去西雙版納了。

在國慶假期的時候，他一個人乘著火車來到了西雙版納。看到了古色古香的吊腳樓，高聳雲天的望天樹、三尖杉，還有三五成群的猴子、來回走動的大象，尤其是傣族青年男女的歡快聲，讓他好像回歸到了大自然。

楊宏達盡情地享受著那一份天然的饋贈。

回到北京後，楊宏達覺得自己像換了一個人似的，渾身充滿了活力。

有很多年輕人抱怨：在他們想享受生活的時候，卻沒有錢，因此他們沒能把最好的青春，留在美好的記憶裡。

現在有的人有錢了，可以環遊世界了，只是這時候年紀大了，已經行動不便了。

為什麼當我們青春活力的時候，卻沒能做成自己想做的事情呢？當你的經濟基礎還支撐不了你的夢想時，請不要氣餒，不要妄想一夜發達、一夜走紅、一夜暴富……那只是你的努力還不夠。

讓我們後悔的事情有很多，不妨在夜深人靜的時候，好好地想一想。試著將那些「後悔」扼殺在襁褓裡，這樣才能理智選擇，積極面對，笑著走過……

05

不畏前險，不懼得失

無論是得到，還是失去，
我們都不要懼怕，都要學會坦然接受。

我們常常會在得與失之間做一個權衡。如果我們得到的多於失去的，我們就會高興；如果我們得到的少於失去的，我們就會失落。

很多人都喜歡得到。但天下事，有得到，就也有失去。有捨才有得，不捨便不得。可如果再給我們一次選擇的機會，我們還是會選擇：多多得到、少少失去。

如果任何人都想得到，那得到的從哪裡獲得呢？得到的優於失去的只是一種美好的想法。在某些情況下，更多的時候是得到的低於失去的。這就像是孟子所說的魚和熊掌不可兼得。有時候，我們必須在兩者之間做出選擇。

有一次，何長江乘坐熱氣球在天空中旅遊。他飛得很高，彷彿能觸摸到雲，身邊還會有大雁飛過。何長江高興極了，從熱氣球上俯瞰，能看到整座城市！於是，何長江取出相機，興奮地拍了一張照片做紀念。

忽然，熱氣球被迎面飛來的一隻禿鷲撞到了。熱氣球開始急速地往下墜落。何長江嚇壞了，趕忙調動引擎，但是熱氣球還是在不斷地下降。

此時，何長江必須做出決定了，要麼把熱氣球內多餘的東西扔掉，要麼整個掉落在樹林裡。來不及過多思考，何長江想也沒想，就把熱氣球內多餘的東西扔掉了。

熱氣球終於減重，得到了很好的控制，升得越來越高。

很多時候，生與死就在一念之間，必須要從兩者之間選擇其一的時候，千萬不能舉棋不定，必須要果斷。

唐紹林在相親的時候遇到了兩位女子，她們都很優秀，但唐紹林只能挽起一位女子的手臂。

他的朋友後來問他：「我覺得她們倆不相上下，為什麼你選擇了這一位呢？」

唐紹林說：「其實，我並沒有看出誰優誰劣。」

「那就奇怪了……」

「反正到最後只能選擇其一，與其在那裡猶豫，不如乾淨俐落地選一個相伴而行。」

很多事情是不能拖拉的，猶豫不定最後就成了大齡剩男剩女，如果不知道選擇哪一個更好，不如跟著感覺走。

要是沒有選擇的機會，那該怎麼辦呢？

很多時候，並沒有太多的時間和機會留給你去選擇，只能被迫地接受。就像是飛來橫禍或者喜從天降，這些都無法按照我們的意願發展。

韓夢琪的丈夫去世了，親人們哭得死去活來。

但這時候愛他最深的韓夢琪卻一副無所謂的態度，一位親人問：「夢琪啊，妳平時是那麼掛念妳的丈夫，妳和他的感情也那麼好，為什麼妳此時不傷心難過、放聲大哭呢？」

韓夢琪說：「他已經離開我了，即便再怎樣哭，他也活不過來了。」

「我們擔心妳啊！妳丈夫走後，留下妳和兩個孩子，該怎麼辦啊？」

韓夢琪說：「我會幸福地走下去的！」

親人們認為韓夢琪一定是悲傷過度，要不也不會說出這些話來。

沒多久，韓夢琪的一個兒子成了一家大企業的老闆，另一個兒子也中了大獎。他們的命運都因韓夢琪的樂觀改變了。

韓夢琪說：「這都是他們努力的結果，雖然他們的父親現在是看不到了，但我可以放心了。」

很多人在面對一次自由選擇的時候，都會先選擇得到，後選擇失去。**但更多時候，失去才是更好的得到**。

有一個男孩，別人給他一美元和五十美分，讓他區別哪個面額更大，他說：「五十美分的面額大！」

別人都認為他是一個傻子，就把那五十美分給了他。

有人看不慣了，問：「你連一美元、五十美分都分不清啊？」

男孩說：「如果我非得分清的話，別人就不會和我玩這個遊戲了，那我就永遠沒有五十美分可以賺了。」

這個男孩，便是美國現代成人教育之父、二十世紀最偉大的心靈導師戴爾．卡內基。

我們很難預測眼前的失去與將來的得到，更何況失去與得到的多與寡。**但無論是得到，還是失去，我們都不要懼怕，都要學會坦然接受。**

06 過往不應該成為前進之路的絆腳石

能看得開過去，
才能更好地迎接未來。

很多時候，不好的情緒會蒙蔽我們的雙眼，讓我們活在憤恨與不滿之中。一旦這樣，我們的人生就黯然失色了。看什麼都覺得不順眼，對未來也失去了信心，總覺得世界昏天暗地了，於是越發痛苦地活著。

請不要為了某些事情斤斤計較，**既然無法改變，那就努力學會接受，如果不能接受，還可以選擇放下——何必苦苦糾纏呢！**

有些事情可能在某一刻就像專門和你作對似的，你越是執著不放，它們就越和你過不去。所謂「兩虎爭鬥，必有一傷」，不是你傷痕累累，就是它苟延殘喘。這是你想要看到的結局嗎？

在一次奧運會上，有一位選手終於可以參加決賽了。他想，如果這次能得到冠軍，一定帶著女朋友好好度假甜蜜一番，那是他們期待已久的夢，只是遲遲沒有實現。

比賽一開始，他一直遙遙領先，眼看勝利在望，誰知，這時飛來了一只蚊子，牠一直在他四周不停地「嗡嗡」叫，搞得他意亂心煩，他便去打那只蚊子。但那只蚊子好像和他作對似的，他越想把牠趕走，蚊子越是纏繞著他，他氣急敗壞，在賽場上不停地追趕蚊子，臺下的觀眾都笑歪了。結果，他最後與冠軍失之交臂。

幾天之後，人們在附近的河流中發現了他的屍體……他被一隻蚊子打敗了！

楊若萱和她的鄰居陳英發生了爭吵，她發誓以後與之老死不相往來。她不僅每天在背後罵鄰居，還在出門見到鄰居的時候咬牙切齒。她不明白為什麼自己會遇到陳英這樣「沒有德行」的鄰居，她整日裡怨天尤人。

回娘家時，她也是哭喪著臉，不願再回自家遇見鄰居。她的父親說：「陳英過陳英的，妳過妳的，何必活在她的陰影之下呢？」

楊若萱說：「我就是不想再見到她，恨不得她馬上從地球上消失……」緊接著就是一些詛咒的話語。

她的父親說：「存在，必然有它的道理，我們改變不了，但可以學習接受。妳看妳，上一次回來的時候，滿面紅光，這一次都瘦得像黃豆芽了。怪誰呢？難道怪妳的鄰居陳英嗎？我看就怪妳自己！」

楊若萱擦拭了眼淚說：「那我該怎麼辦？」

「**好好地活著，活在當下！**妳身邊還是有很多人對妳很好的，沒必要為了一點芝麻粒大的小事和他們錙銖必較，妳這樣是在自己氣自己啊！」

楊若萱細細地思量了幾天，便回家去了。

通過瞭解，她才得知，她怨恨的那些事，鄰居陳英並沒有放在心頭，只是她楊若萱自己把小事放大了，自己給自己找麻煩而已。

從此，楊若萱改變了很多，她開始珍惜當下，活在當下，不再怨恨了。她發現身邊的小事就足以讓她忙碌、幸福，沒必要因為和他人的摩擦讓自己吃不下飯、睡不好覺。

我們走到最後，會發現，過去的已過去，未來的還遙遠。

唯有珍惜當下，才是最聰明的選擇，能看得開過去，才能更好地迎接未來。

既然無法改變
那就努力學會接受

如果不能接受
還可以學會放下

CHAPTER

7

不滿足才要努力奔跑

我們也要用發展的目光，來審視自己，
不能停留在過往。
接受新的改變，並很好地開拓未來。

01

成功的第一奧義——做自己喜歡的事

在自己感興趣的行業上，
人們更容易發現自我、活出真我。

人活在世上是為了什麼？金錢？名利？往往到最後我們才發現，活出自我才是最主要的。只是現在的我們是在為自己而活嗎？還有權利選擇自己想要的生活嗎？

明代文學家楊慎說：「是非成敗轉頭空。」這一生追求的東西到最後可能都會化為烏有，留下青山依舊，濁酒一壺。我們到底想要怎麼活？

如果目前你的老闆對你很好，但讓你做你不喜歡的事情，你會一直堅持下去嗎？好像只有做自己感興趣的事，我們才能活出真我，但現實真的允許你這樣隨意選擇嗎？

很多有成就的人，之所以能取得成就，是因為他們在走向社會後，面對眾多可選的職業，選擇了他們最喜歡做的那件，即便曾經遭到家人的反對。

巴爾扎克要當文學家，他的父母告訴他：「你可以寫作，但我們只給你三年的『試用期』，三年內，如果你想反悔的話，還有餘地。」很快，三年過去了，巴爾扎克在文學的道路上還是不如意，他的父母讓他按照他們的意願去從事其他工作，巴爾扎克果斷地拒絕了，他的父母便中斷了他的經濟來源。從此，巴爾扎克的生活變得困頓起來。

後來，他成了舉足輕重的大文豪，還在有生之年就受眾人們的敬重。如果他當初選擇了父母給他設定的那條路，文壇可能就少了一個領袖，社會上又多了一個平庸無為的人了。

還有南丁格爾，她出生在一個上流社會家庭，在面對文學家、家庭主婦、護士這三個職業時，她選擇了最不起眼的護士，雖然她的家人讓她三思，但是，那是南丁格爾最想做的工作，她義無反顧。

後來，南丁格爾成了護理事業的創始人和現代護理教育的奠基人。

劍橋大學的教授曾經做過這樣的調查，他拜訪過一百個成功的富人，探究他們成功的秘訣是什麼。結果有八十%的人說是做自己感興趣的事。

難怪比爾．蓋茨在哈佛大學中途就輟學了，致力於自己喜歡的電子電腦行業，成為享譽世界的大富豪之一。還有，J．K．羅琳，她之前做的是祕書和教師，但是，她對寫作更有興趣，就決定投身於創作，後來風靡一時的《哈利．波特》系列問世了，她也因此成為全世界最有名望的作家之一。

在自己感興趣的行業上，人們更容易發現自我、活出真我。不要強迫自己做不感興趣的事，否則匆匆幾十載，你只會覺得今生白活……

在什麼地方，才更能活出真我呢？這首先取決於環境，一個人生活在山明水秀、物質富裕的地方，遠勝於生活在窮山惡水、資源匱乏的地方。所謂一方水土養一方人，選擇什麼樣的環境，往往會養成我們什麼樣子的內心。選擇好的環境，會更容易讓你活出真我，不被眼前的虛偽所矇騙。

而即便在惡劣的環境中，也要秉性純良，才不會讓你失去那一份原始天然的美和自在。有很多地方和方式讓我們可以活出真我。**做感興趣的事是內在，客觀環境是外在，如果兩者珠聯璧合的話，我們會更容易活出更完美的自我。**

02

不滿足才要努力奔跑

那些不甘於命運安排的人總會想方設法地創造出奇跡，如此才能擺脫平庸。

有的人吃飽喝足就萬事和自己沒有關係，有的人拚命地想過更好的生活；有的人很清閒，有的人很忙碌。於是，便出現了貧窮和富裕，也就有了身分、地位的差距。

為什麼人與人之間會有這樣的差異呢？如果是你，你是想在社會底層，還是成為上層人物呢？

一個生活在底層的人，要想鹹魚翻身，就要很努力才行，除非你有幸出生在達官顯貴之家。

大部分人為了生計每天忙碌，只求吃飽穿暖就行了，但隨著人們生活水準的提高，人們的追求也在不斷地提升。

幾十年前，我們有吃的、穿的，就已經很滿足了，現在就不同了。人之所以比其他動物高級，就在於我們有發達的大腦。

請不要只滿足於衣食無憂的狀態，除非你只想平平淡淡地過一生。**那些不甘於命運安排的人總會想方設法地創造出奇跡，如此才能擺脫平庸。**

在孫耀洋的心中，他最苦惱的就是自己出生在小山溝。他不想像村裡人一樣，一輩子守在這裡，按部就班地結婚、生子，過著一模一樣、日復一日的生活。

可是，家裡沒有多餘的錢讓他上學了，父母安慰他說：「爸爸媽媽不希求你什麼，只希望你以後有吃飯的地方就行了！」

面對父母的「認命」，孫耀洋更是下定決心，要走出這一步，打破桎梏般的生活。

他告別了父母，獨自到外面去闖蕩。理所當然吃了很多苦，但他仍不放棄，他相信自己會過得更好。

後來，孫耀洋成了一家公司的總裁，他還讓兒子留洋海外。他的父母做夢也沒想到有一天會環遊世界，但這個從來不敢做的美夢卻成真了。

如果當初孫耀洋只安於每天的現狀，不求改變，他可能就是一個平凡的村民，註定今生只能在默默無聞的小山溝。

因為不滿足，某些大人物的鬥志才被催發出來。正是因為不滿足衣食無憂的狀態，某些人才不會被歷史的潮流淹沒掉。

當然，這是要承受很多痛苦的，承受失去原本穩定、舒適、享受生活的痛苦，承受一個人的煎熬。

但要是沒有這一份割捨，我們註定會是一個平凡的人。俗話說：「人過留名，雁過留聲。」幾十年後，你是想一切都化為雲煙，還是想成為一個舉足輕重的人物？

生活得過於安逸，只會培養我們的惰性，「憂勞可以興國，逸豫可以亡身」。有時候「衣食無憂」反而是不好的狀態，就像「富不過三代」、「自古寒門出英才」，等等。

也許你現在像常人一樣，就算這樣一直生活下去，也不會痛苦，但很快你就會被時光的河流沖走，**關鍵是看你是否敢於放下目前的享受。**

03

夢想要很大，夠你輸得起

我們要有理想和抱負，
但更要明辨是非。

我們常常會遇到這樣一種情況，影視作品裡面，反派角色基本是沒有好下場的。那些反派角色，就連飾演他們的演員，也要選那種「看上去就不像一個好人」的人。為什麼要這樣表現呢？是在提前告訴我們，他們就是邪惡的代表嗎？所以他們的結局一定會是失敗或者是被懲罰的。

就像我們小時候，長輩告訴我們某個人是壞人，就會把他描繪得相貌極度醜陋，行為舉止極其敗壞，同時，千叮萬囑告誡我們不要與這類人為伍。

當時的我們堅信如此，隨著年齡的增長，我們的眼界越來越開闊，也越來越有自己的判斷能力。這時，我們再回頭去品味當初的評判標準，反而有所醒悟。

「不能在太歲頭上動土」，這也是歷來被人們約定俗成的，除非你忍無可忍，才有可能一時意氣，爆發了自己的怒氣，但一旦失敗，你的結局會如何，便可想而知了。比如孫悟空那樣，一路打到了玉帝頭上，玉帝只得請人把他鎮壓在五指山下，讓他為自己的行為反思、懺悔。

難道說我們就要安於現狀，不能有「非分之想」嗎？

當然不是，**我們要有理想和抱負，但更要明辨是非，站在正義的一邊，遠離邪惡的一邊。**同時還要切記，**善非盡善，惡非盡惡**，提升自己的判斷力。

明朝小說家許仲琳著的《封神演義》中，有描寫兩個人物，一個是申公豹，另一個是姜子牙。他們本是同門師兄弟，卻因後來「侍奉」了不同的主子，而成了敵人。申公豹說姜子牙叛亂，從而有正當理由去鎮壓；姜子牙則說申公豹「助紂為虐」，從而更有膽量去討伐。

他們都認為自己是站在正義的一邊，認為對方是「邪魔外道」。那些跟隨申公豹或姜子牙的人，也同樣認為對方是錯誤的一方。

直到最後歷史證明，「武王伐紂」才是大勢所趨，從此，姜子牙被人們所愛戴，申公豹被人們所唾棄。

但我們不能在所有的事情上都人云亦云，而是應當一視同仁，有所判斷。

如果這一戰役，周文王和周武王失敗了，那麼周文王的「兵變」很有可能就會被歷史記錄為「叛變」，周文王和周武王也要被記錄為「反派角色」了。

還有一個「反派角色」，他也是一個有志氣的人，如果他到最後沒能成功的話，別人對他的看法也會發生很大的變化。那個人就是朱元璋，他當初起義，也是被元朝認為是叛軍加以壓制的，但後來他建立了大明王朝，取代了元朝，更迭了時代，就意義非比尋常了。

很多時候，看到一些有志氣的人因為最後輸得很慘，便連之前的理想與抱負也消失殆盡了，就如同行屍走肉般沒有生機與活力，真的很可惜。

我們也需要有這樣的志氣，**擁有遠大的理想，對正確與錯誤有判斷力，不顛倒黑白，堅持走正道。**

04 夢想也需要裁剪

不切實際的理想只能稱之為幻想。

我們都希望無所拘束，外界按照我們的意志發展，但這種想法太簡單了。每個人存活在這個世界上，都不是單獨的個體，這個世界也不是任何一個人的，所以，並不是可以想幹什麼就幹什麼、想要什麼就能如願。

我們必須要順從自然的規律，和他人和諧相處認清自己的能力。年輕的我們常常熱血沸騰，希望一展抱負，但樹立抱負和理想，要切實可行，不然，**不切實際的理想只能稱之為幻想。**

姜智文從小就沉浸在科幻劇之中，他希望自己能像那些外星人一樣，在茫茫宇宙中開著飛船遨遊。

後來，他聽說美國在一九六一年就實施了「阿波羅計畫」，不久後便有人順利地登上了月球。

姜智文猜想，那個登月的美國人見到的第一個人一定是嫦娥姐姐。因為他在很小的時候，奶奶就告訴他，在月亮上住著一位名叫嫦娥的漂亮仙子。

當時，他時常看著月亮，幻想未來某一天自己會和嫦娥見面。

很快就有人打破了他這種幼稚的念頭：月亮上無非是高地、平原或盆地，哪有什麼廣寒宮！「阿波羅」登月計畫，也證實了月亮根本不適合人類居住。

姜智文傻眼了，他猜想，嫦娥可能搬家了，搬到了其他星球上……姜智文的這種想法一直被人嘲笑，說嫦娥不可能像外星人一樣穿梭於宇宙。

但是，姜智文一直幻想著某一天會有奇跡出現。很多年過去了，他仍沒有看到奇跡，周圍的人更加嘲笑他。

很多時候，我們希望有新的觀點，哪怕是被常人認為違背常規的，但最好不要有太多不切實際的想法。

為什麼我們有時候被認可，有時候被反對呢？為什麼有的「真理」到後來也有可能變成謬論呢？

我們曾試圖改變或掌控這些，但長大後發現，不是我們改變了世界，而是世界改變了我們。

有一句歌詞：「青春少年是樣樣紅，你是主人翁。要雨得雨，要風得風，魚躍龍門就不同。」

年輕，似乎能夠要風得風，要雨得雨。然而，要風得風、要雨得雨只不過是一種美好的祝福，告訴我們，**要趁著青春年少好好地做事，腳踏實地。**

不然，就如同揠苗助長一樣，到最後不但沒有提升，反而枯萎，死掉了。

所以，不要有太多不切實際的想法，你不會真的掌控風和雨，只有做最出色的自己，遺憾才會越來越少。

人應該順其自然，才會活得瀟灑、愜意！

05 當初的幼稚，只為今日的成熟

我們的現在，
也會成為將來的過往。

翻開成長的相冊，靜靜地觀看自己成長的印記，即便今非昔比，我們也不會嘲笑當時稚嫩的自己。

武添曉和田超戀愛了，武添曉也得到了田超爸爸媽媽的認可。

一次，武添曉獨自去拜訪田超的爸爸媽媽，田超的爸爸媽媽很熱情地招待了這位未來的兒媳婦。田超的媽媽熱情地招待她坐下，田超的爸爸則從衣櫃裡拿出田超的成長相冊給她看。看到小時候的田超穿裙子、紮著辮子的樣子，她差點兒笑出聲來。武添曉捂住嘴巴，問田超的爸爸：「叔叔，田超怎麼還有穿裙子的照片啊？是你們故意讓他穿的嗎？」

田超的爸爸說：「是當時超超自己要穿的，我們都不知道為什麼，也覺得奇怪。現在想來，真是太好笑了。喏，還有這張，他五歲的時候還穿著開襠褲呢！」

武添曉差一點又笑出來，但還是努力地控制住了笑聲。

下午，武添曉就和田超的爸爸媽媽說再見離開了。在回去的路上，武添曉一邊想，一邊情不自禁地笑著。

恰巧這時田超打電話給她，約她晚上一起吃飯。

到達餐廳落座後，武添曉一抬頭看見田超，就禁不住捂嘴而笑。吃飯的時候，田超發現武添曉還在莫名其妙地傻笑，他丈二和尚摸不著頭腦地問：「妳今晚怎麼這麼開心，有什麼好事嗎？」

武添曉禁不住笑出了聲，說：「沒事，只是小時候的你太可愛了。」

「小時候的我？妳知道我小時候是什麼樣子嗎？」

「三歲的時候穿裙子，五歲的時候還穿開襠褲……」

田超淡定了一下說：「我就知道爸爸媽媽會讓妳看我的成長相冊，怎麼樣，當時的我還不錯吧？」武添曉說：「太好笑了，沒想到你一個男子漢，小時候會是那個樣子！」

田超說：「多麼有收藏價值和意義的兩張照片啊！」

有時候，我們還想再回到過去，那時候的自己，多麼天真無邪，盼望著長大，慢慢長大了卻永遠不可能「返老還童」了。

接受自己變得越來越成熟，會發現自己另一面獨特的魅力。我們也要用發展的目光，來審視自己，不能停留在過往。接受新的改變，並很好地開拓未來。

盧世聰自從結婚後，就和父母分開住了，他們通常是各忙各的。

一天，盧世聰來看望父母，正值中午，母親在洗菜，準備做飯。盧世聰就挽起衣袖下廚房，並說：「今天我要做幾盤拿手好菜，讓爸爸媽媽過個癮。」

母親笑著說：「你哪裡會做飯啊，別給我添亂了，到客廳裡待著去！」

這讓盧世聰如被潑了一盆冷水一般，他說：「您怎麼還在用老眼光看你的兒子呀。這次您在一旁看看，我是怎麼拿出我的看家本領的。」

母親一邊笑，一邊在一旁看著。沒想到盧世聰那麼熟練，很快，幾盤香噴噴的菜擺好在面前。母親驚訝得說不出話來。

盧世聰說：「你兒子厲害吧！」

母親說：「你從來沒有下過廚房，有時候看到活魚都躲得遠遠的，怎麼會有這麼大的變化呢？」

盧世聰說：「我現在長大了啊！」

母親高興地說：「我的兒子的確長大了，懂事了！」

成長，讓我們越來越明辨事理，越來越優秀，這讓我們每一天都在「更上一層樓」，那時候就可以「窮千里目」了。

時代在發展，歲月在推移，我們會覺得曾經的自己可愛，但永遠不會嘲笑那時弱小稚嫩的自己。

我們的現在，也會成為將來的過往，只要每一天都活得豐富多彩，你的人生便會有滋有味。

06

年輕時，做點年輕人應當做的事

只要我們努力過，即便到最後沒能達成心願，
也沒有什麼遺憾。

老師告訴我們：「一寸光陰一寸金，寸金難買寸光陰。」

漸漸的，很多年輕人認為，爭分奪秒太重要了，不停地奔跑；誠然，我們要為未來打算，但更要活在當下。

李太白說：「人生得意須盡歡，莫使金樽空對月。」還有句詩說：「有花堪折直須折，莫待無花空折枝。」不要等到身邊人和物都失去了，才後悔！

朱福根是個滴酒不沾的人，那一日卻在酒吧裡喝得酩酊大醉。原來是因為，一直愛他的那個女孩和別人結婚了。

那個女孩追求了朱福根很長時間，兩個人也交往了一段時間，但每當女孩說：「我

們結婚吧！」他不是嫌時間太早，就是說先顧事業再成家。

為此，女孩前前後後問過他不下上百次。但每一次，朱福根都會以「正當」的理由拒絕她。

女孩心灰意冷了，她認為不以結婚為目的的戀愛，就是敷衍。後來，女孩遇到了現在的老公，她只問了一次：「我們結婚吧！」對方就高高興興地把她娶回了家。

朱福根想著想著，痛哭流涕，悔得肝腸寸斷，但為時已晚。

為什麼非要等到失去後才後悔呢？

為什麼還在身邊的時候，不懂得及時珍惜、擁有呢？

人生不長，一轉眼就是一生。唐朝詩人杜牧也說：「十年一覺揚州夢。」

這不是讓我們及時享受，從此就墮落下去，也不是讓我們坐吃山空，而是讓我們要懂得珍惜當下，不辜負青春年華。**畢竟我們的青春只有一次，有些事物你現在可以擁有，並不代表以後一直擁有。**

趁現在還年輕，去做只有年輕人才能做的事，**只要我們努力過，即便到最後沒能達成心願，也沒有什麼遺憾。**

CHAPTER

8

有些路還是要自己走

你必須學會自己照顧自己，
這樣，才會讓那些牽掛你的人放心。
我們也不必祈求和某些人天長地久的緣分，
既然錯過，就一切風輕雲淡吧。

01 受到冷落並不都是你的錯

無論我們怎麼努力，總會有人討厭我們，
也總會有人喜歡我們。

那時候的妳很美，如花的模樣，清水的目光，甜蜜的笑容，溫柔的話語……若干年後，妳容顏蒼老，清新不再……

這樣的場景似乎更多地出現在影視劇中，尤其是宮廷戲中。一個人天真爛漫時，她可能事業、愛情扶搖直上。後來，工於心計的她會成為皇后、皇太后，安享晚年。而有的則在期間就被迫害致死了，尤其是那些耍小聰明的人，可能還要品嘗一下冷宮裡一個人的落寞。

並不是只有宮廷中的女子才會被冷落，你可以思量下自己，是否也被冷落了呢？

李浩然非常後悔自己現在遠離家鄉，過著孤單的生活。可是，若非如此，他又該何去何從？回到家裡的話，他註定會遭到周圍人的閒言碎語。

一個人在大都市裡，每天上班、下班，到了週末還要根據朋友的時間來安排聚會。而他的一些同事，因為都是本地人，生活起居上，有更多的親友照顧，只有他，常常要孑然一人。

每到春節的時候，他掙不到錢，就不敢回家，因為他知道，每回一次家，就要花掉幾個月的工資——他除去租房、吃飯、穿衣、交通等開銷，薪水已經所剩無幾。

他有時候會想不明白，為什麼他辛辛苦苦地工作，卻還是被冷落了，還是過不上自己理想的如意生活。可能連他自己都不知道什麼樣的生活，才是理想的生活——一家和睦，不必還貸款？

有的人就不必有這些苦惱，因為每個人的人生機遇不一樣！

被冷落，也有可能是因為我們堅持走自己的路，結果被周圍的人認為不合群。道不同，不相為謀，如果是這樣，那麼在這裡，你註定要孤單，註定要被「多數人」所拋棄，但要是全世界都對你如此，你就要改變自我了。

謝奕秋是一個有志向的人，他來到北方求生存，誰知，天天被別人算計，被別人欺負，他很苦惱，認為社會就是這個樣子。

後來，他來到了南方，發現這裡的人很和藹，很講究信譽，付出了就有回報。這時，謝奕秋才得知，天下的人並不是都一樣的。

就像是「橘生淮南則為橘，生於淮北則為枳」，我們在什麼地方也可能決定我們是受到歡迎還是被冷落。就像有一些人物，在他的國家不受歡迎，但是他來到了別的國家，卻發現他的思想與觀點卻是備受稱讚的。

無論我們怎麼努力，總會有人討厭我們，也總會有人喜歡我們。

既然如此，我們在此處被冷落了，就不要「在一棵樹上吊死了」，說不定換了一個地方，就換了一種人生。

還有一種可能，我們被冷落，說明我們不夠優秀，那就要改變自己。改變，可以讓別人喜歡你。

還有些人，生前被冷落，死後卻被追捧。在樂壇和文壇上就有很多人，他們活著的時候，作品並不被世人認可，因此他們活得很潦倒，直到離開人世的那一刻，人們也沒有為他的逝去而惋惜。

多年之後，很多人會驚奇地說：「他真是一個天才啊！」於是，他備受敬仰，他的作品也廣為流傳。

為什麼人活著的時候被冷落，等到他不在了的時候，才被人們認可呢？

有些事情，是需要時間來驗證的。

諾貝爾獎的頒發有這樣的規定：只授予活在世間的人。因此，那些已經過世的，即便他們的成就被後人認為是無與倫比的，也絕不會被追授諾貝爾獎。

現實就這麼殘酷，你被冷落其實有很多的原因。你要學會接受這份孤單，誰能總在歡樂中度過呢？我們會感慨歡娛時光短暫，剩下的卻是無窮無盡的寂寥。

我們不要為了打發寂寞的時光，故意找樂子，那是對自己的人生不負責，會讓你庸碌無為。

人都難免被冷落，你要明白原因是什麼，然後再一次風光起來。

無論我們怎麼努力

總會有人討厭我們
也總會有人喜歡我們

02 有些路還是要自己走

無論是傷害你的敵人，還是愛你的親人，
都是你應該感謝的人，是他們激勵你不斷前進。

小時候，有父母在我們身邊，教會我們說話、走路、跑步，告訴我們什麼是善什麼是惡，應該向什麼樣的人學習，應該以什麼樣的人為榜樣。

上學時，老師教導我們知識，傳授我們真善美，讓我們更好地認識、感知這個世界。

畢業後步入社會，老闆教導我們如何做好自己的工作，如何成為一名好員工。我們還有幸會遇到幫助我們的同事，結識新的客戶人脈……他們就像一盞明燈一樣，指引我們不斷前行。

當然，我們也會遇到「小人」，陷害、欺騙是他們慣用的技倆，可能傷害你，可能傷害你的朋友，但是當千帆歷盡，你會明白，**無論是傷害你的敵人，還是愛你的親人，都是你應該感謝的人，是他們激勵你不斷前進。**

那些我們遇到的有緣人，我們要去珍惜，因為能陪你走完這一生的人，看似很多，其實很少。

秋天的一個傍晚，一個少婦站立在河邊黯然神傷。丁教授恰好路過這裡，發現她神情不對，就對她說：「這麼晚了，妳怎麼還不回家？」

少婦淚眼潸然地說：「我現在什麼都沒有了！」

丁教授故作驚詫地問：「什麼都沒有了？這事從何談起呢？」

少婦說：「三年前我最愛的丈夫去世了，上個月我唯一的兒子也因為染病，離開了這個世界。看來，我註定要孤單一輩子，什麼也沒有了。」

丁教授說：「在妳遇到妳丈夫之前，妳不也是一個人過嗎？妳現在只是回到了當初的日子而已。妳還可以重新來過，誰說妳不可以再婚？誰說妳一個人生活就不幸福了？如果妳細細去留意，妳會發現妳的身邊有很多美好。」

少婦細想，雖然現在是自己一個人了，可結婚前不也是一個人活著嗎！那時候，多麼天真，多麼爛漫，活得多麼有滋有味。生活無非是讓她回到了當初，她何必因此而自暴自棄呢！

於是，少婦謝過丁教授，離開了。她回去以後，重新打理自己的生活。雖然是一個人支撐著一個家，但是有鄰里的幫助，有父母親朋友的關心，很快，她便恢復了往日的樂觀，露出了久違的笑容。

沒有人會一直在你身邊給你指引。長大了，父母就不會在你的身邊時刻叮嚀你了；一旦你離開了學校，曾經教導過你的師長、幫助你的同學可能就一輩子也見不到了。還有一些人，曾經出現在我們的視野之中，然而一段時間後就消失了，緊接著又出現了新的一些人。

來來往往，幾乎每個人都成了你生命中的過客。就連曾經和我們海誓山盟、白頭偕老的伴侶，也有可能會背叛對方或者提前離我們而去。沒有人會一直在你的身邊告訴你：天涼了，要加衣服；餓了的時候，要給自己泡碗麵……

你必須學會自己照顧自己，這樣，才會讓那些牽掛你的人放心。我們也不必祈求和某些人天長地久的緣分，既然錯過，就一切風輕雲淡吧。

還有，那些不能錯過的重要的人、重要的事，如果還來得及，趁早表達你對他們的關愛，並及時去做吧！坦然面對，愛你所愛，你會活得漂亮、精彩。

願人生走過之後，有很多人愛你。願你活在愛的包圍之中，甜蜜著，像春天的花兒一樣燦爛。

03

寂寞是必需的修行

他人往往喜歡和更優秀的人物在一起，
你可以努力成長為更優秀的人。

我們往往會遇見這樣一種情況：你喜歡對方，而對方不喜歡你；你不喜歡對方，對方偏偏喜歡你。為什麼兩情相悅、彼此傾心這麼難呢？

於是，更多的是，一個人望月長歎，一個人憑欄嗟歎。這時候，我們便會怨恨月老：怎麼有感覺的人不喜歡自己，不喜歡的人偏偏對自己傾心呢？

估計，月老也弄不明白這是怎麼一回事，搞得他跟著意亂心煩，於是人世間便有了各種悲情與喜劇的上演。到底是誰在調控著都市男女的這種情緒，月老也無法給你滿意的答案。還是不要把所有責任都推給月老了，月老若真的存在，估計他也很無奈。

我們先簡單地說說，如果別人不喜歡你，該怎麼辦？

首先，你可以用真誠打動對方，讓對方喜歡你；也可以放棄，祝福對方幸福。總之，別人喜不喜歡你，並不是你可以決定的。

其次，**他人往往喜歡和更優秀的人物在一起，你可以努力成長為更優秀的人。**

我們都知道，那些意見領袖、明星、偉人，都經常給人一種眾星捧月的感覺，那些平凡人則不然。風雲人物，總會有成千上百萬的粉絲，如果你只甘心做平凡普通的一員，那可能只有你的伴侶會矢志不渝地喜歡你了。

為什麼人和人的差別這麼大呢？是長得不夠好看嗎？答案是否定的。是沒有人品嗎？答案也是否定的。到底是什麼原因呢？我認為是「機會」！

在一個經濟不發達的地方，有一個叫馬小龍的人，他可謂是英俊瀟灑似潘安，風流倜儻賽宋玉，在附近很有名。只可惜還未滿二十歲，家裡人便催著他結婚了，從此過上了波瀾不驚的生活。

幾年後，一個作家途經這裡，聽到了這件事，看了一下馬小龍當初的照片。他想，這個馬小龍當年真的是玉樹臨風，如果他出生在大都市，如香港、臺北的話，他可能就會被星探發現，成為萬眾矚目的明星了，只可惜經過這些年歲月時光的侵蝕，他現在已經容顏大變，額頭上也出現了抬頭紋。

作家很惋惜地說：「你才二十多歲，如果注意一下打扮、保養的話，就會重現往日的風采。我推薦你去參加選秀，說不定你會成為《快樂男聲》[4]那樣的偶像呢！」

誰知，馬小龍聽了，搖搖頭歎息說：「不可能了，我已經習慣了現在每日柴米油鹽醬醋茶的生活，我是不可能站在舞臺上讓那麼多人喜歡了。」

馬小龍的這種想法，就註定他只能是一個小人物。

在我們身邊，總會有如「馬小龍」一樣的美男子或者美女，可為什麼這些俊男美女們都默默無聞，沒能成為「男神」或「女神」呢？如果你去一探究竟，會得知，他們從來沒有想過某一天要成為人人喜歡的人物……錯過了「搖身一變」的機會，結果註定只能在時光的推移中蒼老了容顏。

光靠外表吃飯，不是長久之計，它只能是讓你的人生優於別人的一個前提，讓你多一個更直接的機會，至於這個機會你能否把握，還要倚靠你的才華。

當然，如果你想讓別人喜歡你，你還可以去改變，讓你也擁有他們喜歡的資本。

別人喜歡他而不喜歡你，也可能只是這個人短暫的虛情假意，說不定他很快就會「移情別戀」喜歡上你了。但這種人可能見誰都說愛，我們更要留心，以免愛得越深，傷得越痛。

所以，如果別人喜歡你，請不要沾沾自喜，傻傻地沉浸在虛構的美好之中；如果別人討厭你，也許你會覺得很難受，但也請不必整天在自卑中鬱鬱寡歡。

如果你是天鵝，終有一天醜小鴨也會飛上雲端，讓別人大呼：「看，原來他不是一隻醜陋的鴨子，而是一隻美麗的天鵝啊！」

寂寞是通往成功之路必需的修行，願你能贏得更多人的喜歡，擺脫掉孤獨、落寞的滋味。

④大陸實境選秀節目。

04

有些「小事」不能不在乎

凡事我們都要明辨輕重緩急，
掂量孰輕孰重，不至於錯過重要的人和事。

有些事情，我們當時看作是小事，並不在乎，到後來才發覺是非常重要的事。只是這件事已經過去了，再也沒有讓我們挽回的餘地了。

朋友說：「無論你離得多遠，多麼忙，只要你在我婚禮的當天露個臉就可以了。」但有時，我們還是不願意在那幾個小時裡出現。

李江濤和楊清在大學時是很要好的同學，畢業後，一個在首爾工作，一個在吉隆坡工作，兩個人之間的聯繫也隨著距離的拉開，漸漸地少了，近幾年，幾乎不再聯繫了。

忽然有一天，李江濤打電話給楊清說：「我下個月就要結婚了，邀請你來參加我的婚禮！」

楊清當時隨口答應了，但放下電話之後，他想到，最近一段時間工作會特別忙，再加上手頭還有點緊……到時候再看情況吧。

隨著婚禮一天天地推進，李江濤又給楊清打了幾次電話，但不是關機，就是無人接聽。直到他結婚那天，也沒能聯繫上楊清。

轉眼又過了幾年，楊清也結婚了。婚禮當天，他發現禮單上多了一位朋友，這位朋友不是別人，正是他的大學同學李江濤。

楊清覺得不好意思，打電話給李江濤說：「對不起，我忘了邀請你。」

李江濤說：「沒關係！」

「你在首爾過得還好嗎？」

「我很好！」

「謝謝你！」

「為什麼這麼說？」

「因為你隨了禮金，我覺得很不好意思。」

電話那頭沉默了一會兒，李江濤說：「我現在就在你家的院子外，如果你歡迎我，我現在就可以進去，如果你不歡迎我，我立馬就可以回首爾。」

千里迢迢地趕來，哪能不讓人家參加婚禮就走？於是，楊清跑了出來，把李江濤請到了屋子裡，說：「你來了，怎麼不告訴我一聲啊？」

李江濤說：「我怕你不喜歡我的到來！」

「都是老朋友了，你能來是我的榮幸！」

李江濤笑著說：「謝謝你能這麼認為，但是……」

楊清說：「上次我沒去參加你的婚禮，很抱歉！」說完，楊清向李江濤行了一禮。

李江濤說：「你不來參加我的婚禮我不怪你，可你為什麼不接我電話呢？」

楊清不知該說什麼好。

李江濤接著說：「我知道你當時有困難，但你為什麼不告訴我呢？我一定會幫助你的。」

楊清不好意思地說：「我後來換了手機號碼……」

李江濤淡定了一下，說：「你換了手機號碼我不怪你，但你不和我聯繫，我卻很怪你。我們都是這麼多年的朋友了，你想自此以後和我再也沒有瓜葛嗎？」

楊清說：「對不起，我再也不敢了！」

李江濤說：「當時在我們班級裡，你是年齡最小的，也是最優秀的，同學們都很照顧你，我也一直把你當作我的親弟弟一樣看待……誰知，後來竟然聯繫不上你了……」說著說著，李江濤的眼睛濕潤了，他擦拭了一下淚珠，繼續說，「你知道為什麼到現在我還沒換手機號嗎？就是希望有一天你能主動打給我，只可惜，我等了一天又一天，遲遲沒等到你的電話。你結婚了，我還是從其他同學那裡聽到的……」

楊清聽了，淚流滿面地說：「我們是最好的朋友，從此以後我再也不會和你失聯了。」

重要的事為什麼會被忘記？無非是心裡不在乎。有時候，我們一個不留神，就有可能失去一個真正關心你的人。

有時候，我們也會因為忘記重要的事，而得罪重要的人，結果可能就給我們未來的道路，增加了許多額外的障礙。

所以，**凡事我們都要明辨輕重緩急，掂量孰輕孰重，不至於錯過重要的人和事**，不至於因為自己的一不留神，讓自己陷入「孤苦無援」的境地。

05 別和欺騙你的人計較

我們痛苦，他們未必會痛苦；他們高興，我們又不會跟著高興，何必因為別人而作踐自己呢？

有些人表面看似純潔，人畜無害，就像是墜入凡塵的仙子，不帶一絲汙垢，但人心隔肚皮，深交之後，我們才會猛然醒悟：最能相信的只有自己。

李軍帥答應朱曉莉，等專案成功後會分給她二十萬元的利潤，誰知專案不如預期進展得順利。事成後，李軍帥只給了朱曉莉五萬元。

為此，朱曉莉認為這個朋友在利用她。沒想到自己當初那麼信任他，到最後卻被騙了。朱曉莉無可奈何，發誓和李軍帥再也不合作了。

騙子是不可原諒的，但因為欺騙這件事，一直記恨那個人是不划算的，只會給自己平添麻煩罷了。因為**我們痛苦，他們未必會痛苦；他們高興了，我們又不會跟著高興。既然這樣，何必因為別人而作踐自己呢？**

一切痛苦都會過去，看淡一些，不要兩次踏入同一條河流就好。有時候太過單純，會被一些別有心機的人利用。就像初入社會的大學生，有時會為別人打工而拿不到工資……

我們要明曉騙子的勾當，不要相信天上會掉餡餅，不要相信不勞而獲……只有這樣，才不會讓騙子得逞。

即便被騙了，也不要一直活在憤恨之中，要學會走出陰霾，相信終有撥開雲霧見月明的一日，真的就是真的，假的就是假的。**人生轉瞬即逝，我們自己要活得光明磊落。**

06

做一件讓別人記住你的事

被另一個人記掛著是一件美好的事，
那樣才會有所想、有所念、有所盼。

當你一個人孤單、落寞的時候，你會想起誰呢？

在你的心底，可能有這樣一個人，讓你時常想起。他可能是你的初戀情人，也有可能是對你最好的那個人——這些人在你落難的時候幫助你，哪怕是只有一碗飯，雖然他當時也是出於同情之心，但就是他那一碗飯讓你活了下來，多年後，你依然會記得這份恩情。

有一個叫李紫超的男孩，很不幸，他五歲的時候，爸爸媽媽就相繼去世了。他沒有進孤兒院，而是一個人靠賣報為生。

那年冬天，他好長時間都沒有賣出一份報紙，因此他沒有錢買吃的東西。看到四處飄著香噴噴飯味的飯店，他真的想衝進去海吃海喝，但是，他還是勒緊腰帶，心想：要做一個有品格的人，不能偷、不能搶……

他一邊想，一邊捂著餓得「咕嚕嚕」叫的肚子。這時候，路邊有一個賣燒餅的攤販，李紫超就在燒餅攤前久久徘徊。

老闆明白他的意思，拿出一個熱氣騰騰的燒餅，遞給李紫超說：「孩子，拿去吃吧！」

「可是，我身上沒有錢。」

老闆說：「這是免費的。」

李紫超很感動地說：「謝謝你，老闆。將來我一定會報答你的。」

多年之後，李紫超成了一家醫院的院長，他一直想報答當時的恩情，但遲遲沒能找到那個賣燒餅的老闆。

有一天，醫院裡來了一個病人，他已經奄奄一息，但李紫超從他的面容及他細微的話語中，認出他就是當初那位恩人。

於是，李紫超馬上和醫護人員把他推進了急救室。手術很成功，只是那位老人家如今已是一貧如洗，他看都不敢看昂貴的醫療費用。他問護士：「請問，這次我的手術費是多少呢？」

護士說：「十九萬。」

「天啊，怎麼會這麼多呢！早知道我就不治這病了。」他一邊說，一邊懊惱著。

護士說：「有什麼擔心的呢？」

他說：「護士小姐，妳不知道，這十九萬對我來說可是天文數字啊！我都這把老骨頭了，只能下輩子來償還了。」

誰知，護士微笑著說：「不用擔心，你的那十九萬元，已經有人替你繳交了。」

他奇怪地問：「我舉目無親，誰會幫我呢？」

護士說：「是我們的院長啊！」

老人家這才得知，替自己支付昂貴醫療費用的，是自己多年前遞給他燒餅的那個男孩，老人家早就忘了這件事，沒想到李紫超一直記憶猶新。

往往是這微乎其微的一份恩情，令被授予者終生牽掛。

這些特別的人，總會被人們牽掛。我們可能會記住深愛過我們的那個人，即便最終我們沒有接受他。當然，還有你愛的那個人，你也會希望他過得比你好。

無論如何，**被另一個人記掛著是一件美好的事，那樣才會有所想、有所念、有所盼。**

你記掛著誰？又被誰記掛著呢？

要珍惜這一福分，無論是近在眼前的，還是遠在天邊的，只要彼此過得好，就不會讓心總是懸著。

CHAPTER

9

你想要的幸福，
不過就是雲淡風輕

幸福在於我們平凡的點滴之中，
無須為金錢奴役，無須為名利爭鬥。
身邊平凡的點點滴滴，
才是心中的美好，才值得我們珍惜！

01

漂泊是為了尋找安定的家園

我們只有嘗到了酸甜苦辣的滋味，
才能最終安定下來。

我們為了生存，為了夢想，不得不遠離父母和親人，一個人在異地他鄉獨自過活。我們也想回到親朋好友身邊，那種歡聲笑語的場面多麼令人回味。可一旦我們背起了行囊，到外面去闖蕩，就很難再回到最初的地方。

出來打拚的人，在外地忍受著寂寞、孤苦，哪怕吃的是泡麵，住的是租賃的三、四坪的房子，但即便如此，大家也不甘心再回到故鄉。

有一個南方女孩，她出生在小城裡，後來到北京謀生。她生活得並不快樂，愛情、事業毫無起色，但她仍在堅持著。是什麼力量，讓她甘願忍受這樣的漂泊？

有一份調查表明，每年有幾百萬人湧入北京，當然也有很多人流出北京，但湧入大於流出。他們都是為了夢想的一些人，從此，過上了北漂的生活。

即便生活得再窮困，他們也不願意回到老家，不願意庸庸碌碌度過此生。那些能熬得過去的人，會在北京立足，擁有自己的房子，生活得愜意；那些不得門路的人，註定會被北京的節奏拋棄。

但是，大家都無怨無悔。

一個二十五歲的打工者說：「我來自農村，家裡有一個弟弟、一個妹妹，爸爸媽媽早就去世了，我要是再留在農村，不僅養活不了弟弟、妹妹，我連自己也養活不起。所以，我決定在大城市裡奮鬥，永不退縮。」

很多人是甘願享受這種漂泊，特別是窮人家的孩子，可能註定要遭受這樣的苦。未來很漫長，年輕時的漂泊或許也是一種福分，老了，能有一個溫馨的家庭，有屬於自己的事業。到那時再想起往事，他們一定會有一陣暖流湧上心頭。

我們只有嘗到了酸甜苦辣的滋味，才能最終安定下來。

漂泊，是上天給我們的一份特殊的禮物，此時不漂，何時漂？

我們會在將來走不動、齒搖髮落的時候，發現**年輕時的漂泊讓我們欣慰，讓我們今生過得更有意義。**

02

幸福從未離你遠去

幸福在於點點滴滴的愛與被愛之中。

每個人對「幸福」的界定都是不一樣的，有的人一日三餐粗茶淡飯、工作穩定、家庭美滿就是幸福，有的人縱然大權在握，可以呼風喚雨，他也感覺不到幸福。

幸福是什麼？**幸福是一個人同時處於愛和被愛狀態而產生的喜悅、滿足和感恩的心理感受。**

幸福無須過多解釋，它並不是被強加的，它只是某個人最深層的感受。他開心、舒暢，就會感覺到幸福；他壓抑、被強制，就感覺不到幸福。幸福在於一種無形之中，外界的強行介入只會讓人更反感。

在一些落後的國家或地區，他們會被認為很幸福，他們也自以為生活在最幸福之中。直到有一天，他們看到其他的國家或地區的人比他們生活得還好，這時候他們開始不滿了。原來，自己並不幸福！

為什麼這些原先感覺幸福的人到頭來認為自己不幸福呢？這是因為處在比較之中。俗話說：「人比人，氣死人。」哈佛大學的幸福課教授泰勒．本．沙哈爾說：「幸福是不能攀比的，它只是你一種個人的享受。」

幸福是不能比的，它不會在比較中產生。

竇小姐嫁了一個叫邱德軍的男人，本來以為從此以後可以幸福了，但看到閨蜜的老公比邱德軍長得帥氣，比邱德軍有能力，她左看邱德軍不順眼，右看邱德軍不順眼。於是，竇小姐厭膩了邱德軍，認為他是一個「窩囊廢」。

有一天，閨蜜喬遷之喜，邀請竇小姐、邱德軍小聚，看到閨蜜和她的老公住上了寬敞、舒適的房子，竇小姐氣不打一處來，狠狠地瞪了自己的老公邱德軍幾眼，但邱德軍好像沒有看到似的，和竇小姐閨蜜的老公在那裡侃侃而談。竇小姐便把閨蜜拉到一邊，說她嫁了一個多麼好的人，並極力數落自己的老公。

又有一天，竇小姐來到閨蜜的新居送東西，剛進門的時候，看到閨蜜正在那裡滿頭大汗地拖地，閨蜜的老公則坐在沙發上蹺著二郎腿頤指氣使，不停地使喚著自己的妻子，就像是把妻子當成奴僕一樣。

竇小姐看不慣了，走過去，對閨蜜的老公說：「你真不憐香惜玉！你怎麼能這樣對你的妻子呢，你應該疼她、順著她。」

誰知，閨蜜的老公不以為然地說：「我已經夠疼她的了，要不，怎麼會辛辛苦苦地掙錢讓她住大房子？我在外面辛勤工作了一天，難道家裡也讓我照料？她是家庭主婦，註定要把家裡打掃得清潔。」

竇小姐聽了，心裡涼了。她在回去後仔細地打量自己的老公，發現他雖然錢賺不多，但很疼愛她，愛她勝過愛自己。她還有什麼好抱怨的呢？

幸福不在與他人的對比之中，餓了的時候有人遞過一碗熱騰騰的飯菜，冷的時候有人給披上暖暖的衣服、蓋上柔軟的被子，渴了的時候有人給你倒一杯開水、沏一杯熱茶，哭了的時候有人陪在你的身邊傾聽你的訴說、安慰你……

這就是幸福！

幸福在於點點滴滴的愛與被愛之中，我們要抓住這細微的幸福，才會真的幸福。

03

你想要的幸福，不過就是雲淡風輕

為了金錢打拚、努力，長時間下來，無非成為金錢的奴隸。

金錢再多，也不可能買下所有。人生一世不可不奮鬥，但沒必要只因為錢而去奮鬥。縱使坐擁金山、銀山，如果我們花不完，留在那裡擺設，又有何用呢？

古時候，有一個財主，他累積了大量的金幣。他把這些金幣放在一個密室裡，平時由兩個家丁嚴加把守。

財主有一個習慣，那就是每天晚上他都去欣賞那些金幣，然後心滿意足地離開。直到有一天，財主發現密室裡的金幣少了幾袋，他猜想一定是那兩個守門的家丁幹的。於是，他把家丁喊到跟前質問。

一開始家丁拒不承認。財主只好報官，這樣一來，兩個家丁不得不坦白。

縣太爺問兩個家丁：「你們為什麼要偷他的金幣呢？」

一個家丁說：「金幣放在那裡也是放著，我只是把它們換了一個地方，放在我家裡罷了……」

家丁的答覆讓在場的人大笑不止，財主卻深深地陷入了反思。

金錢過多，實現不了使用價值，反而會讓別有用心的人惦記。如果把這些「過剩」的金錢用來做慈善，捐給希望工程，或者捐給學校，反而會得到更好的使用，得到社會的尊重。

金錢只是身外之物，卻有很多人為它活得很累。每一個活得不輕鬆的人，都和金錢有關。沒有人不喜歡金錢，因為錢不是萬能，沒有錢卻是萬萬不能。但如果**一味為了金錢打拚、努力，長時間下來，無非成為金錢的奴隸**，依然會活得不如意、不輕鬆。

有一個富翁來到海邊度假，看到一個漁夫悠閒自得地躺在沙灘上睡著懶覺。富翁問他：「這麼好的天氣，你怎麼不出海捕魚呢？」

漁夫懶洋洋地說：「捕魚是為了做什麼呢？」

富翁說：「那樣你就可以賺更多的錢！」

「有了那麼多錢有什麼用呢？」

富翁說：「你就可以像我一樣來到海邊度假了。」

漁夫說：「那我現在正在做著什麼呢？不正是在享受著度假的日子嗎？」

越是看淡金錢的人，活得越輕鬆。輕鬆地活著，還應當不爭浮名虛利。想想，那麼多人曾為了名利爭得頭破血流，最終他們活得心力交瘁，並不如意。

一切諸如金錢、功名等將隨著時間煙消雲散。只有活得輕鬆，才會自然、瀟灑、愜意。我們之所以活得不夠輕鬆，是因為我們還有奢望，而欲望就像一把雙刃劍，在滿足我們的同時，也刺傷我們的心房。

粗茶淡飯，一畝田地，美麗的妻子，可愛的孩子，更會讓我們活得輕鬆、自在！

從今天起，餵馬劈柴周遊世界；從今天起，關心糧食和蔬菜；從今天起，和每一個親人通訊；從今天起，給每一條河每一座山取一個溫暖的名字；從今天起，面朝大海春暖花開。這是多麼幸福的人生啊！

幸福在於我們平凡的點滴之中，無須為金錢奴役，無須為名利爭鬥。身邊平凡的點點滴滴，才是心中的美好，才值得我們珍惜！

04

成大事者不糾結

無論是在受到大打擊，還是遇到小風浪時，都要從容淡定。

雨果說：「比陸地寬廣的是海洋，比海洋寬廣的是天空，比天空寬廣的是人的胸懷。」

而你呢，是否也能夠心胸豁然呢？

有些人心胸狹隘，凡事只會為自己考慮，有時候會不惜犧牲別人的利益來達到自己的目的，這種人是讓人不齒的。漸漸的，他身邊的人也會遠離他，讓他落得一個「孤家寡人」的下場。

豁達，才會讓我們贏得更多的朋友。

趙自忠、張敏濤原先在同一家公司上班，他們的感情很好，每到晚上就一起出去散步，有時候一起吃飯。週末的時候也會相約一起郊遊外出放鬆心情。

同事們都很羨慕他們的友情，覺得同事之間，能有這麼好的交情，真的不容易。一次，張敏濤向趙自忠借了兩萬五千元，還借了他心愛的電腦，但出差回來後，張敏濤說電腦被摔壞了。這讓趙自忠非常生氣，讓張敏濤賠償。

一開始，張敏濤是答應賠的，但自己目前用的還是一個便宜的二手貨，什麼時候才能賠得起趙自忠的高檔電腦呢？

其實趙自忠是一個不缺錢的人，他早就自己去買了一臺新的電腦，只是沒有告知張敏濤。他也沒有刻意催促張敏濤，但張敏濤不急不躁、若無其事的樣子，讓趙自忠一直耿耿於懷。他試探地說：「你什麼時候能賠我的電腦呢？」

張敏濤說：「我現在手頭還不寬裕，等我錢足夠了，一定給你買一臺新的。」

趙自忠沒有再催促張敏濤，他也在反思自己：張敏濤是否會覺得他小氣呢？可是弄壞了別人的東西，賠償是天經地義的呀！如果沒有界限，沒有要求，那只會肆意放縱，以後更不好相處了。他也是為了能夠讓張敏濤自立，為了他好，要不早就和他翻臉了。

趙自忠還是以好朋友身分和張敏濤相處，每次吃飯，都主動掏錢，他說：「一起吃飯，我來掏錢付帳沒關係，但以後我不會再借錢給你了，親兄弟也要明算帳，那兩萬五你還是早點還給我吧！」

後來，兩個人在工作上都有更好的選擇，不在同一家公司了。但張敏濤還是沒有還趙自忠的錢，也沒有賠償電腦。

趙自忠偶爾會提醒他一下，張敏濤也沒說不還，但就這樣，一拖又是好幾年。趙自忠心想：事已至此，錢要不要得回來都已經無關緊要了。

不久，張敏濤因為租房又開口向趙自忠借五萬元，雖然趙自忠拿出這些錢綽綽有餘，但他說：「我之前已經說過不會再借你錢了，好借好還再借不難，你之前摔壞的電腦和借的兩萬五千元，我都可以不要了，但從此以後，你必須要自立，要靠你自己了。」

張敏濤不滿地說：「我只是沒有你混得好嘛！況且我一直把你當作是我最好的朋友，在緊要關頭你都不肯借我錢，我們斷交吧！」

「斷交就斷交，誰怕誰！」

從此，趙自忠和張敏濤老死不相往來。

在這裡，你可能會說趙自忠既然有錢，怎麼心胸這麼不豁達，不就是一臺電腦、兩萬五千塊錢嘛！可是，最先做錯的，就是張敏濤呀，自己一直不努力，卻想要從別人那裡得到好處。

現實中，每個人都要自立自強、努力奮鬥，誰也沒有義務總是兼顧你、幫助你。

任何的不快都會過去，我們的胸懷越大，越能容忍別人的過失，贏得更多的支持與擁戴。

我們不應該因得失而動心，不應該因外界的風吹草動而左右搖擺。**無論是在受到大打擊，還是遇到小風浪時，都要從容淡定。**

05

你能為這個世界留下些什麼？

人在最終離開世界的那一刻，連自己的身體、健康也帶走了，留下的可能只有他的思想了。

有時候我們覺得人生很長，因此，可以虛度大好的時光。直到生命即將結束的那一刻，才醒悟，這一生過得糊里糊塗，多麼渴望能夠重新再來過。

人總會老去，若干年後，再也沒有人記得你曾經來過這個世上，那是一種多麼蒼涼的悲愴，可有那麼一些人，來過這個世界，留下了什麼，讓後世記住了他。

成功學大師陳安之認為，我們留不下親情，因為死後他們就可能和你無關了，你只是在活著的時候是他們的親人；還有愛情，也和你無關，你離去後，你的愛人可能會痛哭，但不久後她會堅強起來，去尋找新的生活；房子、金錢、車子也和你無關，它們會有新的主人。

人在最終離開世界的那一刻，連自己的身體、健康也帶走了，留下的可能只有他的思想了。尤其是那些思想家，多年之後，人們還可以清晰地記住他。他的思想會影響別人，這也是他讓別人記住的價值所在。

千百年之後，人們仍會記得孔子、老子、蘇格拉底、柏拉圖……這些人的思想在歷史的長河裡生根、發芽、開花、結果，甚至萬古長青。他們留下的讓人足以自豪的便是他們的思想！

還有那些藝術家的作品會留下他們的印記。如繪畫、書法、雕刻、詩詞、建築……千百年後，他們人已不在，但作品還存留在世上，這是人類文化一筆寶貴的遺產，如《詩經》、〈蒙娜麗莎的微笑〉、故宮等等。

若干年後人們還會接觸這些作品，還會情不自禁地想起和它們有關的人和物。經典總是讓人難以忘卻。

能留在這世上的，還有功績。那些為社會、為大多數人做出貢獻的人，特別是政治人物，在百年之後，仍然受到後世的尊重。

有的人會留下一點值得世人紀念的東西，笑到最後。有的人則像流星閃過一樣，從此再也沒有了消息。

反思你自己，又能留下些什麼呢？

VIEW系列 044

為什麼你很努力，卻過得不如意

作　　者—子陽
主　　編—陳信宏
責任編輯—王瓊苹
責任企畫—曾俊凱
插　　畫—厭世姬
校　　對—謝杏旻
封面設計—本 三十郎

總 編 輯—李采洪
發 行 人—趙政岷
出 版 者—時報文化出版企業股份有限公司
一〇八〇三臺北市和平西路三段二四〇號三樓
發行專線—（〇二）二三〇六六八四二
讀者服務專線—〇八〇〇二三一七〇五
（〇二）二三〇四七一〇三
讀者服務傳真—（〇二）二三〇四六八五八
郵撥—一九三四四七二四　時報文化出版公司
信箱—臺北郵政七九～九九信箱
時報悅讀網—http://www.readingtimes.com.tw
電子郵件信箱—newlife@readingtimes.com.tw
第二編輯部臉書—http://www.facebook.com/readingtimes.2
法律顧問—理律法律事務所 陳長文律師、李念祖律師
印　　刷—勁達印刷有限公司
初版一刷—二〇一七年十一月十七日
定　　價—新臺幣三〇〇元
（缺頁或破損的書，請寄回更換）

時報文化出版公司成立於一九七五年，
並於一九九九年股票上櫃公開發行，於二〇〇八年脫離中時集團非屬旺中，
以「尊重智慧與創意的文化事業」為信念。

為什麼你很努力, 卻過得不如意 / 子陽著.
-- 初版. -- 臺北市：時報文化, 2017.11
面；　公分. --（VIEW系列；44）
ISBN 978-957-13-7185-6（平裝）
1.修身 2.生活指導

192.1　　106018332

ISBN 978-957-13-7185-6
Printed in Taiwan